ちくま新書

ネットで勝つ情報リテラシー

――あの人はなぜ騙されないのか

小木曽 健
Ogiso Ken

ネットで勝つ情報リテラシー——あの人はなぜ騙されないのか【目次】

はじめに　009

第一部　すべてはホントでウソでした　013

第一部でお伝えすること　014

第一章　情報の正体　015

富士山大噴火／個性を込めて／なぜそれを言うかね／コウン事件／なぜそれを言わんかね／言えない理由／マスメディアは？／余談ですが……

第二章　誰が得をするのか　037

情報は「動機」で見えてくる／最強の通販番組／あの企業はなぜＣＭを打つのか／近未來通信を覚えていますか？／白昼堂々／ブルーライトは眼に悪い

第三章　この表現がヤバい　057
その情報に弱点はないのか／清々しい／疑似相関／数字だって嘘をつく／グラフだって嘘をつく／それ、あなたの個人的な……／「世間」って誰？／ストローマン

第四章　ウワサを信じちゃいけないの？　077
クチコミマーケティング／「鍛高譚」はなぜ売れた／錯覚効果／ステマの仁義／自分磨きの一種／ネットはステマに向いてない／デマはピンチにやってくる／リツイートも罪になる／震災デマの見極め方／炎上商法／発言の真意

第五章　すべてはホントでウソでした　107
信じたいこと＝「真実」な人たち／ようこそ「情報ビュッフェ」へ／二つの国連／ニッポンの女子生徒／夢の競演／エコバッグ戦争／一億総カメラクルー／メディアに自由を／なぜ情報リテラシーが必要なのか

第二部　戦う情報リテラシー　131
第二部でお伝えすること　132
第六章　沈黙は金じゃない　133
「炎上」は誰の仕業か／声なき声は「いない人」／政界のＳＮＳマスター／あなた、私が見えるの？／笑いの効能／次の質問をどうぞ／この火消しがすごい／炎上は消すな／きよきよしい
第七章　任天堂の倒し方　155
偽アカウント対処法／犯人は見ている／ツイッターは頼れない／採用フェイクを見破れ／その日に何が／任天堂の倒し方／顧客とファン／任天堂の神対応／悪魔の証明／誰が得をしたのか

第八章　批判しないと死んじゃう人たちへ　179
そこに山があるから／この夏は僕らのもの／「バカが多くて疲れません？」事件／右から左に／空気を読め／マシンガン貴殿／観・短・流／タレントはつらいよ／そのＤＭ、晒されますよ
第九章　情報の達人は知っている　207
「こども食堂」にキレる大人／犬と猫はどっちが可愛いか／そのダブスタ、バレます／ネット匿名性のウソ／上手な「本性」の隠し方／玄関ドアに貼れるか／「話せば分かる」ワケがない／多くを語るな／「6」「の」「9」
あとがき　本書でお伝えしたかったこと　231
お礼　236
参考文献　237

この本は、筆者が個人として執筆したものです。本書の内容に関する問い合わせ、クレームなどは、筆者個人あてにお願いします。

はじめに

二〇一六年のアメリカ大統領選、その後のトランプ大統領の発言などから「フェイクニュース」という単語を耳にする機会が増えました。

「フェイクニュースって、ネットに書かれた無責任なデマだろう？　ネットの情報なんて最初から信用していないよ」

このように言われる方もいますが、いやいや、フェイクニュースはそんなに甘いモノではありません。私もあなたもフェイクニュースと無関係ではいられない。それどころか、たとえインターネットを使っていない時でも、あなた自身がフェイクニュースの「発信源」になる可能性だってあるのです。

そもそもフェイクニュースとは何なのでしょうか？　一般的には次のようなものがフェイクニュースだと言われています。

虚偽の内容を含む情報・ニュースのうち、意図的に捏造・発信されたもの。
主にインターネット上で発信・拡散されたものを指す。

これがフェイクニュースの定義……らしいのですが、私はまずこの定義そのものが間違っていると感じています。虚偽？　意図的？　なぜ「主にネット」なの？　詳しくは本書でご説明しますが、「情報の本質」を考えれば、こんな定義、じつは一瞬で吹き飛んでしまうのです。

私は企業に勤めるサラリーマンでもあります。「グリー」という企業のＣＳＲ（社会貢献）部門で、全国の企業や学校に出向き、ネットリテラシーについて講演するのが仕事です。そもそもリテラシーとは「読解力」「記述力」といった意味の言葉ですので、私はネットリテラシーを、「ネットの本質を理解し、その情報を用いて適切な振るまいができる能力」と解釈しています。言ってみれば、ネットを使う際の「心の免許証」みたいなものでしょう。そして当然ながら、そのネットにもフェイクニュースはあふれ返っています。

実はこの本、最初の企画書では「任天堂の倒し方（仮）」というタイトルでした。どうやら私が働いているグリーという会社は、あの世界的企業「任天堂」を打ち負かす方法を知っているらしいのです。このエピソード、ご存じでない方のために説明しますと……。

ある人が転職の面接でグリーを訪れた際、その面接を担当したグリー社員から、

「任天堂の倒し方を知っていますか？　私たちは知っていますよ」

という趣旨の発言があった。その人は、それを聞いてグリーに入社するのをやめた。

これは、とあるメディアに掲載された記事を要約したものですが、この記事はあっという間にネットで拡散、世の中に知れ渡りました。今でも「任天堂の倒し方」というキーワードでネット検索すれば、当時、この話題を面白おかしく取り上げた記事や、SNSへの書き込みが山ほど見つかります。

この「任天堂の倒し方」を仮タイトルにして、社内会議でそれとなく伝えたところ（本

書の出版は個人的な活動ですが、報告が必要なのです）、会議参加者たちの表情は、なるほど、これが苦虫をかみ潰したような顔というヤツですね、という非常にわかりやすいもので、絶対にNOという確かな手応えを感じました。この本にピッタリのタイトルなんですけどね……。

本書は、情報のウラを理解し、自分が発信する情報をコントロールしながら、「情報による攻撃」への反撃テクニックまでお伝えする「大人の情報リテラシー入門書」です。ネットや現実世界で、誰もが情報を手に入れ、発信する時代に、「フェイクニュースを笑い、情報戦の勝者になる」ためのテクニックが、きっとあなたの人生を、豊かなものに変えてくれるはずです。

第 一 部

すべてはホントでウソでした

第一部でお伝えすること

突然ですが、本書は第一章「情報の正体」、これがキモです。この本で最も重要な個所です。本書はこれをお伝えするために企画されたのです。すみません、せっかちなので……。

フェイクニュースを楽しみ、見やぶるためには「そもそも情報って何だっけ？」に対する答え、つまり「情報の正体」を知る必要があります。人間にとって情報とは何か、この答えを確認し、情報リテラシーの基礎を身につける、これが第一部の目的です。同時に情報の活用事例や「悪用法」も確認しましょう。

第一章

情報の正体

✝富士山大噴火

最初にお伝えします。じつは「情報」と呼ばれるモノの中に、「本当の〜」とか「真実の〜」と呼べるものは存在しません。

これは決して「インターネットに書かれた情報なんて……」といった底の浅い話ではありません。すべての情報、テレビのトップニュース、新聞の一面から、職場のうわさ話、電車内で耳にする会話、果ては家族・友人の愚痴まで、とにかくすべての情報に本当も真実もないのです。

そもそも情報って何でしょう？　例外なくすべて「誰かの手」によって生み出されるもの。発生した「できごと」や「事象」を、「誰か」が「誰か」に伝えることで初めて情報と呼ばれる、情報とはそういうものです。

そんなの当然だろうと思われるかもしれませんが、果たしてそうでしょうか？　もし、あなた以外のすべての人間が死に絶え、地球に存在するのはあなただけ、他に誰もいなかったとしたら？　そんな状況でたった今、あなたの目の前で富士山が爆発しました。大噴火、とんでもない事態です。でも地球にはあなた一人しかいません。いったいこれが何を意味するのか。

その大噴火は、あなたが認識できる範囲内で起きた単なる「できごと・事象」であって、情報ではありません。なぜなら伝えるべき相手がいないから。

あなたが目撃したそのとんでもない光景は、ほかの誰かに伝えることで初めて「富士山の大噴火」という情報になれるのです。でも伝える相手がいなければ単なるできごと。それ以上でも、それ以下でもありません。

†個性を込めて

情報＝誰かに伝える行為だとすれば、情報には必ず「情報の発信者」、つまり人間が必要になります。そして人間は誰しも……まあ呆れるほどの多様性、個性に満ちあふれていますよね。冷静な人、とんでもない慌て者、派手で大袈裟な人、引っ込み思案な人……皆、それぞれの個性を持って生きています。

そしてその素晴らしい個性たちは、その人が発信する情報の中にも、自動的にしっかりと刻み込まれるのです。「富士山の大噴火」というできごとをどう表現するか、それは本人次第でしょう。文字通り、十人十色。ひとつの事象が全く同じ表現で伝えられることなどありえない、これが情報です。

だって考えてみてください。誰かに何か伝えようとする時、

・どうやって伝えるか
・どう説明すればうまく伝えられるか

これらを全く考えずに話し始める人なんて、まずいないでしょう。「どうやって」は人それぞれだし、「うまく伝えられるか」も同じこと。伝え上手な人もいれば、まったく伝

わらないケースだってあります。人は誰もが、自分の情報にアレンジと個性を与えながら伝えているのです。

品質もバラバラ、伝えている本人の個性が、無意識のうちに埋め込まれる、どんなに頑張っても、その人のキャラクターが滲み出て、時にはバイアス（思い込みや偏り）だって差し込まれてしまう、驚くほど不確かなもの、それが情報です。そんなふわっとしたモノに、「本当」や「真実」という定義は、あまり意味がないのです。

「いや、本人が目にした大噴火の光景は、眼球から脳に伝わる『ピュアな情報』だろう。少なくともその段階では、思い込みや偏りはないと言えるのでは？」

こう思われる方、残念ながらそれも違います。目の前で見た光景ですら、本当でも真実でもありません。だってあなたの目玉がとらえた「大噴火」の光景を、情報として受け取り、認識し、処理するのは、やはり個性あふれるあなたの脳ですから。

この話は、プロ野球の試合で「ビデオ判定」になった時の、観客たちの反応で考えてみると非常にわかりやすいのですが、スタンドに飛び込む物凄く微妙な打球、ホームランか、ファールなのか、審判も交えて両チームが大揉め、試合も中断。そんな時、監督は審判にビデオ判定をリクエストできます。面白いのが、そのビデオを球場内で流した時の観客たちの反応です。

巨大スクリーンに映し出されるスローモーション。ゆっくりとスタンドに飛び込んでいく打球。その様子を見ながら、両チームの観客たちが、どちらも「わあぁぁぁ……やったぁ！」と歓声を上げるのです。一方にとっては相手チームのホームラン映像なのに、双方の応援団が「よし！」と喜んでいるこの光景こそ、人間の脳がいかに視覚情報を曖昧に処理しているかの答えでしょう。目の前の光景ですら、本人の欲求や気持ちの偏りに介入されてしまう、ビデオ判定のエピソードはそれが確認できる良い例なのです。

人が情報を扱う時、情報はその人の表現力や個性によって変化し、時にはバイアスによる介入も受ける。しかもそのバイアスは、本人が「見たまま」の光景にすら影響を与える。これが情報の宿命。情報には、本当も真実もありません。

†なぜそれを言うかね

そもそも、人はなぜ情報を発信するのか。もちろん「その情報を伝えたいから」、これは間違いないでしょう。ではなぜ伝えたいのか……？　その情報を伝える動機・目的があり、伝えることで、何らかのメリットを得られる、だから伝えたいのです。

情報発信は決して利他的な行動ではありません。どのような場合も必ず、情報を発信することで自らが得られる、何らかのメリットがあります。逆にそれがなければ情報は発信されないのです。

たとえば、空港でタレントとすれ違った時、ＳＮＳに「いま空港にタレントの●●がいた！」と投稿する人がいますよね。正直、ほとんどの人にとってその情報はあまり役に立たないものです。にもかかわらず、その情報が発信される背景には「レアな経験をしたから、その情報を発信したい」という動機があり、情報を発信するとその欲求が満たされるという、本人のメリットがあるのです。

もう少し具体的な例で考えてみましょう。ご自身に置き換えて想像してください。今日のランチは、職場の近所で新規開店したラーメン屋さん。初めて入るお店です。さほど期待はしていなかったのに、麺はモチモチ、スープは濃厚、チャーシューだってプルプル、これは美味しい！　職場に戻ったあなたは開口一番、同僚に伝えます。

「美味しいラーメン屋、見つけたよ！」

質問です。あなたはなぜ同僚に「美味しいラーメン屋の存在」を伝えたのでしょうか？　そのラーメンを食べてもらいたいから？　一緒にその店に行きたいから？　きっと皆さん、それぞれの「〇〇だから」があるでしょう。そして、それらすべて、あなたの欲求・願望です。

「いや、同僚に食べさせたいのなら、利他的な動機でしょ」と思われるかもしれません。でも、同僚が「そのラーメンの美味しさを知らない」という状況にストレスを感じているのは、あなた自身です。そのストレスを解消することは、あなたにとっての動機・目的・メリットになるのです。

どんな「伝えたい」「教えてあげたい」にも、情報を発信することであなたが得られる、あなた自身のメリットが見つけられるはずです。

†コウン事件

次の週、今度は同僚も誘ってそのラーメン屋さんを再訪。やっぱり美味しい、帰り道は同僚もご機嫌です。と、その瞬間あなたは気づきました。同僚の足元に犬のフン！　踏みそうです。でもラーメンでテンションが振り切っている同僚は、全く気がついていない。あなたはとっさに叫びました。

「危ない！」

今度こそ「利他的な情報発信だ」と思われた方、残念ですがやっぱり違います。もし「危ない！」とは叫ばず、同僚が犬のフンに突入してしまったら、その後いったい何が起きるのか……？

①同僚の靴が、非常に残念な状態になる（のは気を遣うので避けたい）
②同僚が悲しむ（のは可哀そうだし、やっぱり気を遣うので避けたい）

③引きずられて自分のテンションも下がる
（のは疲れるので避けたい）
④しばらく、あのラーメン屋に行く度に思い出す（のは絶対に避けたい）

どうです、同僚が犬のフンに突入するだけで、ここまで多種多様なストレスがあなたに襲い掛かるのです。こんなストレス、是非とも避けたいでしょう。つまりハタから見れば利他的な行動である、とっさの「危ない！」も、じつはあなたのストレスを回避するための情報発信であり、あなたにメリットのある行為なのです。

だから、もしその同僚が「一日に二回は確

実にウンコを踏んでしまう」ドジっ子の場合、あなたはもうすっかり慣れていますから、何も言わないのです。

†なぜそれを言わんかね

今度は逆の状況で考えてみましょう。ある男性がお見合いをしています。

「私ですか？　貯金はゼロ。酒を飲んだら、毎回確実に誰かとケンカをするらしいですよ、まあ覚えていませんけどね。おかげで会社をクビになりそうです。あと風呂には滅多に入りません。あ、ちなみに今、借金があります」

もしこれがすべて事実だとしても、この情報は決して相手には伝えられません。あたり前ですよね。だって相手に伝えれば、お見合いが破談になるから。メリットがまったくない、むしろデメリットしかありません。情報を発信すると自分に不利益が生ずる時、その情報は隠蔽されます。これも情報の本質です。

いやいや、良心の呵責《かしゃく》に耐えられずに、自分に不利益な「罪の告白」をするケースだってあるじゃないか、と思われるかもしれませんが、それこそ「良心の呵責」というストレスから解放されることが、本人にとってのメリットです。その先の人生を罪の意識にさいなまれながら生きるのは、自分にとって不利益だと感じるから白状するのです。

そんなストレスなんて微塵《みじん》も感じない極悪人を思えば、「良心の呵責」は素敵な感性ですが、ストレスから解放されるというメリットが存在していることも事実です。

この本質はもっと深刻な例でも確認できます。深刻で卑劣ないじめ事件が発覚した時には、決まってこんな呼びかけがされませんか？

「いじめられたら、親に相談してください」

じつは過去、これとまったく同じ発言を、ある政治家の記者会見で耳にしたことがあります。いじめられたら親に言って欲しい、そう考えるのは自然だし、親の気持ちとしても当然でしょう。その政治家のメッセージは決して間違いではありませんが、私はこれを聞いた時、「この呼びかけ、きっと誰にも届かないんだろうな」と思ってしまいました。

仕事柄、いじめの悩みを抱えた子供と関わることも多いのですが、実際に「親に打ち明けた、相談した」というケースは本当に稀です（少なくとも私は、過去そういったケースに遭遇したことがありません）。

この話をすると「きっと親に心配をかけたくなかったのだろう」と言われることも多く、もちろんそれも大きな要因なのですが、じつはもう一つ、もっと切実な理由があるのです。情報発信の本質から考えれば、いじめの話を親に伝えないことは、むしろ自然なことなのでした。

†言えない理由

いじめられている子にとって、自分の家がどんな空間なのか想像してみてください。家から一歩でも外に出れば、神経を擦り減らす、敵に囲まれた戦場です。でも自分の家にいる限り、そこは卑劣ないじめなど存在しない、安心してくつろげる場所。傷つけられた自分を癒すための大切なオアシスです。

では、いじめの事実を親に話したらどうなるか？　その瞬間、それまで唯一安らげる場所、いじめとは無縁だった自分の家の中にまで「いじめ」という事実が容赦なく雪崩れ込んでくる、自分の大切なオアシスが、いじめという現実で汚染される。それを望む子供はいないのです。だから親には言わない、相談しない。自分の身を削る深刻な状況でも、デメリットがあれば情報は発信されないのです。

ちなみに、私の母親の口癖は、

「最大の親不孝は、親よりも子が先に死ぬことだよ」

私（末っ子）を含む小木曽家の三兄弟は、テレビなどで事故や自殺といった不幸なニュースが流れる度に、母親に耳元でこのセリフをささやかれ続けました。恐らく私が幼稚園児だった頃からずっと、少なくとも数百回、呪いのように聞かされてきたはず。その呪いのおかげで、私はどんなに辛くても、すべて投げ出したいような状況でも「もうちょっと踏ん張ってみるか」としか感じなくなりました。洗脳、マインドコントロールの勝利です。私は自分の親が亡くなるまでは、たとえ殺されても死なない気がします。単なる口癖という情報発信にも、こんな効果があるのです。

いったん、ここまでの内容を確認しましょう。

・情報には、発信者の「個性・思い込み・偏り」が含まれうる。したがってすべての情報は「本当」も「真実」もない、ただの情報である。

・情報には必ず、発信者にとっての「動機・目的・メリット」がある。また、その情報が自分に「不利益」をもたらす場合は、隠蔽される。

あらためて書いてみると、どちらも「あたり前だよね」という話なのですが、重要なのは、これらが例外なくすべての情報に当てはまるということ。そう、「すべて」です。

†マスメディアは?

情報には必ず、思い込み、偏り、発信するメリットがあり、だからこそ情報は発信され、デメリットがあれば隠蔽される。これは個人に限った話ではありません。新聞・テレビなどのマスメディアも同じです。マスメディアだって、それを構成しているのは、ほかならぬ個人。マスメディアはそれら個人の集合体、情報の本質に例外はありません。たとえニュース報道だろうが、情報を発信する目的があり、その情報に「思い込み」や「何らかの意図」が紛れ込む、これは避けられないことなのです。

ちなみにこれは、右翼的・左翼的だとか、権力寄り・反体制だとか、そういう「よくある話」をしたいのではありません。また「陰謀論」的な話でもありません。

私はこの件でマスメディアにケチをつける気もなければ、そもそも問題だとも感じていません。だって情報の本質ですから。そんなことよりお伝えしたいのは、もっと本質的な話。例えば、こんなニュースで考えてみましょう。

警察庁は●日、昨年の全国交通事故死者数が前年比〇〇〇人減の●●●人で、戦後、最も少ない死亡者数となったことを発表した。

このような、政治的・思想的な成分をまるで感じない、右も左もない情報にだって、ちゃんとその情報を発信する「動機・目的・メリット」があるということ。お伝えしたいのはこっちです。

このニュースはある意味、警察関係者の努力の成果発表です。交通事故の死亡者数を減らしなさい、という上層部からの指令があり、そのための具体的な削減目標が立てられ、啓蒙や取り締まりを頑張った結果、めでたく死亡者数が減りました、そんなエピソードとも言えます。

マスメディアにとって警察関係者は重要な情報源。その警察関係者にとって、このニュースが報道されることは、自分たちの努力が評価されるという意味でもあり、決して悪い気はしません。マスメディアはこの成果を報道することで、警察との「関係強化」というメリットを得られるのです（私の大好きな『警察署24時』みたいなドキュメンタリー番組もこれと同じ構図です）。

もちろんこんな根性の曲がった、ヒネた解釈をしなくても、報道する動機なんていくつでも見つけられます。素直な気持ちで考えれば、

死亡者数が減ったというニュースを伝えれば、交通安全に対する世の中の機運がさらに高まって、死亡者数がもっと減るかもしれない。

これだって立派な動機でしょう。もし報道で本当に死亡者数が減ったら、自分の仕事に対する誇り、強い自己肯定感だって得られます。報道する動機として十分です。あと「前向きなニュースで世の中を明るくしたい」でも良いですね。わざわざ私みたいにヒネた分析をせずとも、報道する理由なんていくらでも見つかるのです。「交通事故の死亡者数」という淡々としたニュースですら、情報を発信する「動機・目的・メリット」がある。やはり情報に例外はないのです。

「いや、マスメディアは別だ。自社の不祥事だって隠蔽せずに報道することがある。その場合、『デメリットがあれば隠蔽される』は成立しない。だから情報に例外はないというのは誤りだ」

こう思われるかもしれません。では仮に、自社の不祥事を報道せず隠蔽した場合、どんなリスクが発生するのか考えてみます。もし隠蔽し切れず、外部から指摘を受けてしまったら……そのダメージは測りしれません。バッシングに晒され、報道機関としての信用も失墜。ヘタしたら、信用回復に何年もかかります。

そのリスクを考えれば、隠蔽せずに潔く報道してしまった方が、よほど合理的なのです。隠蔽するデメリット、しないデメリット、この二つを比較し、よりダメージが小さい方を選択したとも言えます。だからやっぱり例外ではないのです。

ちなみにこれは「絶対にバレない不祥事は開示されない」という意味にもなりますが、このご時世、絶対にバレない不祥事なんて、もはや存在しません。マスメディアに限らず、企業が外部告発を受け大ダメージ、なんて事例は、過去に様々な業界で起きています。開示しないことのリスクを最も理解しているのは、恐らくそれを間近で見てきたマスメディアでしょう。

情報の本質に、個人もマスメディアもない。現実もネットも関係ない。右翼・左翼・権力・反体制・陰謀論その他「そういうもの」以前に、情報の本質は不変、すべて単なる情報です。「メリット」「バイアス」「隠蔽」……こういったモノから逃れることはできないのです。

そのうえで「同じネタを伝えているのに、なぜメディア各社の報道内容が違うのか」を考えるのが面白いのです。特に政治系のニュースは、その見出しを並べるだけで「これは

○○新聞だろう」「○○テレビかな」って、だいたい分かりますよね。ニュースで使われる政治家の顔写真だって、比較すれば表情・陽の当たり方、なんだか違います。なぜその写真を選んだのか、そこに思いを巡らせるのが、情報の正しい楽しみ方です。

†余談ですが……

新聞もテレビも、現場で取材されている記者さん達って、じつはかなりの割合で中立にものを考え、中立に取材されている方が多いです。もしかしたら、わざとそう見せている、取材テクニックの一つかもしれませんが、少なくとも私は「けっこう中立なんだな」と感じています（対立するA社とB社の記者さんが、政治談議で「だよねえ」と盛り上がる場面も見かけます。ですが、「それ、御社の論調とは違いますよね？」とツッコむと、みなさん口を揃えて「社の方針で……」と苦笑いされます）。

またタレントさん、特に「まだブレイクしきれてない」ポジションにいるタレントさんには、こんな話もあります。ＳＮＳでふと、右翼的・左翼的な発言をしたら、そこまで強い意志で投稿したわけでもないのに、予想外に拡散、大反響。Ｗｅｂメディアにも取り上げられ、ＳＮＳのフォロワーも急増。その麻薬的な魅力にハマり、また政治的な投稿を……というケース。しかもそれが次の仕事にもつながったりして、やめるにやめられず、最初は軽い気持ちだったのに、次第に「オレの本心だ、曲げられない主張だ」と思い込んでしまったそうです。

そうは言っても、タレントさんはその分野の専門家ではないし、政治的な投稿には大量のアンチも集まってきます。投稿のちょっとした間違い・失言に執拗にツッコまれ、理詰めで論破され大炎上。慌てて投稿を削除するケースも珍しくありません。「炎上芸」なんて揶揄する人もいますが、実際のところ、当の本人にはそんな余裕もないそうです。

政治的なSNS投稿はリスクも多く、高度な応酬テクニックも求められますから、人気商売であるタレントさんには不向きかもしれません（もちろん、ご自身の確固たる意志・主張なら、それはご本人の自由です）。

第二章

誰が得をするのか

†情報は「動機」で見えてくる

話を元に戻しましょう。すべての情報に例外はありません。そのうえで、どんな情報も、ニュース報道だろうがSNS投稿だろうが、その情報を客観的・冷静に見極める、とても簡単な方法があります。

その情報でいったい誰が得をして、誰が損をするのか、これを考えてみるのです。誰も得をしない情報は発信されません。情報はメリットがあるからこそ発信される、これが鉄則です。それを踏まえたうえで、じゃあその情報で「得をするのは誰か」「損をするのは誰か」と掘り下げてみると、途端にその情報の「発信源」や「発信の目的」、場合によっては「なるほど、あなたは今回、アッチの味方についたのですね」といった、発信者の立ち位置までが見えてきます。

たとえば日本国内にカジノを作ろう、カジノ解禁だ、という動きに対して、「カジノは絶対反対です」という三人の政治家がいるとします。みなさん、どのような考えを持っているのか、またどんな情報を発信しているのか、少しお話を伺ってみましょう（これは、あくまで仮定の話です。分かりやすい例として創作した架空のエピソードです。くれぐれも誤解のないように……）。

政治家A議員

「カジノ建設には反対です。競輪・競馬といった公営ギャンブルがすでにあり、深刻なギャンブル依存の問題も起きています。カジノを解禁する前に、既存の公営ギャンブルに対する規制を進めるべきです。」

政治家B議員

「カジノ建設には反対です。パチンコによるギャンブル依存や駐車場で子供の死亡事故は、すでに大きな社会問題です。日本にはもう、競輪・競馬といった公営のギャンブルがあるのですから、これ以上、公営ギャンブルを増やすべきではありません。」

政治家C議員

「カジノ建設には反対です。パチンコや、競輪・競馬などのギャンブル依存症は、すでに大きな社会問題です。国内のギャンブル全般にもっと強力な法的規制が必要です。カジノ建設の費用は福祉などの国民生活向上に充てられるべきです。」

パッと見、三人とも「カジノ反対」で足並みが揃っているように見えますが、じつはA・B・Cそれぞれの議員さん、発信している情報の中身はバラバラ、見ている方向だって全く違います。さっそく検証してみましょう。着眼点は「誰が得をして、誰が損をするのか」です。

まずはA議員。カジノ建設を「公営ギャンブル」という枠でとらえ、「すでに公営ギャンブルのせいで不幸になっている人がいるのだから、カジノを解禁する前に、まず公営ギャンブルを規制せよ」という主張です。つまりA議員の発言で損をするのは「競輪や競馬などの公営ギャンブル業界に関わる人たち」。

その一方で、公営ギャンブルと同様の問題が起きているパチンコについては、一切言及していません。じつはA議員、パチンコの業界団体と密接な関係にあり、カジノ建設によって、パチンコ業界の売り上げが落ちることを懸念しているのです。もしかしたら「先生、どうにかしてください」と頼まれているのかもしれません。だからカジノを「公営ギャンブル」として批判しているのです。当然、パチンコ業界の様々な問題には触れませんし、触れられるワケもありません。

続いてB議員。「これ以上、公営ギャンブルは増やすな」ですから、何となくA議員と同じ主張に見えますが、その一方でパチンコ業界のことは名指しで批判していますね。パチンコ業界にとってこの発言はマイナスです。じつはB議員、「公営ギャンブルの労働組合」と密接な関係にあり、カジノ建設によって、競輪・競馬など以前からあった公営ギャンブルが衰退することを懸念しています。自分を支持してくれる業界が不景気になったら困りますからね。ちなみにパチンコ業界からの支援は受けていないので気遣いは不要。だからパチンコ依存症については批判しつつも、ギャンブル依存全般の問題には、あまり言及できないのです。

最後にC議員。政治家としてはまだ駆け出し。パチンコ業界からも公営ギャンブル労組

カジノ反対
ALL
ギャンブル
全面禁止!
NG!!!

からも支援されていません。だからギャンブル全体を批判してOK、手加減も不要です。カジノ解禁と直接関係のない国民福祉を巻き込むことで、自分の支持率をアップする狙いもあるようですね。

しつこいですが、これらはすべて仮定の話。実際はもっと複雑でこんな単純な構図で語れるようなものではありません（カジノ解禁を「新しいビジネスチャンスだ」と考えているパチンコ業者だっています）。

重要なのは、パッと見では同じ内容に見える「カジノ反対」も、情報を読み解き、誰が得をして誰が損をするのかという視点で見ると、その人の狙いや背後関係まで見えてくるということ。情報リテラシーを鍛えるためには、常にその情報にまつわる「損・得」を意識する、これがとても大切なのです。

†最強の通販番組

みなさんは『お願い！ランキング』という、テレビ朝日の情報バラエティをご存じでしょうか？　二〇〇九年にスタート、現在も放送中の人気番組です。一時期は系列局でも放送されていたので、観たことがあるという方も多いでしょう。じつはこの番組、先進的で収益性が非常に高い「ある仕組み」が組み込まれていて、その仕組みが「誰が得をするのか」にピッタリの練習問題なのです。さっそく詳しく見てみましょう。

放送開始前、テレビ朝日はこの時間帯に「新しい『通販番組』を作ろう」という検討を進めていました。でも、当時すでに深夜帯は通販番組が乱立、ありきたりな後発では誰も観てくれません。どうしようと議論を重ね辿り着いたのが、情報バラエティ風テレビ通販『お願い！ランキング』という番組だったのです。

「いや、『お願い！ランキング』は通販番組ではないよ。だって何も売ってなかったし」。そう思われた方、まさにそこがポイントです。『お願い！ランキング』はモノを売らないテレビ通販、注文を受け付けるコールセンターも不要、在庫の管理・商品発送をする物流システムもいらない、究極のテレビ通販なのです。

番組をご存じの方は、『お願い！ランキング』の人気コーナーを思い出してください。放送開始後、早い段階で人気となっていたのは、次のようなコーナーでした。

「ちょい足しクッキング」

スナック菓子などにトッピングのアレンジを加えてランキング。

「グッズ鑑識」

アイディア商品の使い道を当てるクイズ。

「美食アカデミー」

レストランや居酒屋のメニューを辛口批評してランキング。

「ちょい足しクッキング」は、カップ麺やスナック菓子など、毎回一つの商品を取り上げ、様々な食材をトッピングするコーナー、スタッフさんが「これは美味しい～」などと言いながら楽しそうに食べていました。「グッズ鑑識」は、ホームセンターなどで売られている便利グッズの使い方をクイズ形式でひたすら紹介、思わず観てしまう番組構成、人気の「美食アカデミー」は、外食チェーンのメニュー担当者が、イチ押しメニューをプレゼン、それを著名シェフなどがボロカスに批評して担当者が泣く、でも最後は別のメニューが絶賛されてやっぱり担当者が泣く、というドラマチックな内容でした。

もうお分かりでしょう。これらの企画はすべて、毎回「誰か」が得をします。毎回必ず、特定商品の販売促進につながるか、特定のサービスに注目が集まる仕掛けになっているのです。放送で取り上げた商品やサービスは、翌日から売り上げを大きく伸ばします。フットワークの良い企業の場合、翌朝からコラボキャンペーンを実施、さらに売り上げを伸ばすのです。

取り上げる商品・店舗の選定は、番組制作に対する「協力金」や「他番組へのＣＭ出稿」というバーターで決まるのでしょう。『お願い！ランキング』は、受付も倉庫もいらない、究極の通販番組、ＣＭ以外の放送外収入を番組内で完結させ、継続できる、まさに画期的な番組なのです。

さらに興味深いのが、もし視聴者がその仕組みに気づいても、「ま、いいか」と思わせてしまう点。例えば「美食アカデミー」は、料理をめちゃくちゃに批判されつつも、最後は必ず「その店が最も売りたい商品」が絶賛されます。でも批判され泣かされるメニュー担当者は、その脚本を知りません。だから毎回、担当者のリアルな涙、動揺が楽しめました。番組自体が面白かったのです。また「ラーメン女子大生」や「デカ盛り」といった、純粋なバラエティ企画も織り交ぜ、番組全体の品質を保っていました。番組開始から早い段階で、視聴者に「宣伝でも面白い。だから、ま、いっか」と思わせることに成功していたのです。

じつは『お願い！ランキング』以前にも、このような「宣伝とリンクした情報バラエティ番組」は存在していました。仕組み自体、特に新しくはなかったのです。でもまあ……ちょっとわざとらしかったんですよね。『お願い！ランキング』は、そのわざとらしさを「視聴者が楽しめるバラエティ」にまで高めた点が新しかったのです。放送開始から何年も経ち、番組の雰囲気も内容もだいぶ変わりましたが、『お願い！ランキング』の成功が当時のテレビ業界に与えた衝撃は大きく、その後、他局からも類似の企画がたくさん生まれました。つまり、「損得」の練習問題が一気に増えたのです。

†あの企業はなぜCMを打つのか

毎年ある季節になると、その時期だけテレビCMを流す企業があります。世界に通用する技術があるが、あまり知られていない機械メーカー、業界で最大手だけど一般には馴染みのない物流会社。流れるのは単なるイメージ広告で、特に商品・サービスを宣伝する訳ではありません。わざわざコストをかけてそんな広告を打つ理由は、そのCMが流れ始めるタイミングにあります。

これらの「謎CM」がスタートするのは、毎年秋に入ろうかという頃。じつはこの時期、名の知れた大手企業の新卒採用が一段落する時期なのです。辛い就活を終え、大手狙いの学生たちが内定を手にするこの時期は、同時に、大手から内定を得られなかった学生たちが、気持ちを切り替え就活の第二幕に突入する季節でもあります。

「するとこのCMのターゲットは、大手から内定を得られなかった学生たちか」と言えば、そうではありません。学生たちはそれなりに情報収集をしていますから、そんな彼らに、わざわざ高コストのCMをぶつけるのは非効率なのです。ではこのCMのターゲットはいったい……。

みなさんは「親ブロック」という言葉をご存じでしょうか？　企業の人事担当、特に新卒採用を担当する方々の業界用語です。新卒に限らず、人材採用はとにかくコストがかかります。求職者に向けたプロモーションから求人媒体への掲載、選考に至るまで、すべてに「お金」「手間」「時間」が投入されているのです。

そんな苦労を経て、ようやく内定を出すまでにこぎつけた人材ですから、絶対に逃したくありません。なんとしても内定承諾書にサインをしてもらいたい。でも、そこに巨大な壁が立ちはだかります。内定を出した就活生の親です。

「そんな会社、名前も聞いたことないわ」

採用担当者が膝から崩れ落ちる瞬間です。「ウチ、業界では有名なんだけどなあ、国内シェアだってトップだし、何より安定した分野で……」。そんなつぶやきも「私が知らない会社なんてダメ」という親の前では無力。百歩譲って親の理解を得られずとも、本人が入社を承諾すれば良いのですが、近年は親が就職活動に口を挟むケースも珍しくありません。親の反対で、せっかく出した内定が吹き飛ぶ「親ブロック」が実際に起きています。

そこで、親ブロックを阻止すべく登場するのが先ほどの「謎CM」。親世代の視聴率が高い旅番組などにガンガン投入され、就活生の親に「そういえば、テレビでコマーシャルを見たことがあるわ」と思わせる、ただそれだけのために制作されるCMなのです。謎CMの背景には「誰が得をするのか」を超えた、担当者の「保護者の皆さん！　テレビCMを流すくらいの会社ですよ。ねっ、大丈夫ですから！」という魂の叫びが込められています。涙なしでは見られません。

†近未來通信を覚えていますか?

謎CMも、新卒の保護者向けなら納得ですが、過去には詐欺目的で放送された、とんでもないCMがありました。みなさんは「近未來通信」という会社名を覚えていますか?二〇〇六年頃まで、大量のテレビCM・新聞広告を出稿し、女子ゴルフトーナメントの冠スポンサーもやっていた、IP電話の通信会社です(実際は通信会社としての事業実績はほぼなかったのですが……)。

近未來通信は、格安の通話料を売り物にした通信事業者として、国内外にIP電話の独自ネットワークを構築……と謳いつつも、サービスに必要な通信網は自社で構築せず、一般投資家から募った費用で中継局を展開、彼らが「オーナー方式」と呼ぶ、なんとも奇妙な仕組みで事業を進めていました。

各中継局の設置費用は投資家が負担し、その中継局のオーナーになります。設置費用は一か所あたり一〇〇〇万円以上と高額でしたが、設置後は通話料収入が見込めるので、「一年で元が取れる」利率の高い投資だ、と新聞の全面広告などで派手に宣伝、投資家から多額の費用を集めていました。

無料通話アプリがあたり前の現代では、ちょっと信じられないかもしれませんが、当時の携帯電話は通話料が高く、ＩＰ電話は通話料の安い革新的な技術として注目されていました。そしていつの時代も、流行りものは詐欺師の大好物、ＩＰ電話は詐欺のネタになりやすい状況でした。

毛皮や貴金属を扱う会社だった「エクセルジャパン」がこのＩＰ電話に目を付け、社名を「近未來通信」に変えて通信事業に参入します。もちろん通信事業は詐欺のネタですから、事業展開するつもりは最初からありません。投資家から集めた出資金は、中継局の設置費用ではなく別の投資家への配当に回す、絵に描いたような自転車操業。常に新たな投資家を呼び込み続けなければすぐに破綻です。そこで、それまで宣伝の柱だった新聞広告に加えて、大物女優や元プロ野球選手を起用した自社サービス（テレビ電話・格安通話）のテレビＣＭを打ち始めたのです。

これは後になって判明したのですが、ＣＭで宣伝されていたサービスは、提供実績がほぼない、利用者がほとんどいない状況でした。交換機が格納されたケースも、開けてみれば中身は空っぽ、タチの悪いことに「電源」「通信状況」のランプだけは点滅するといった、偽装工作までされていました。つまり、通信事業の実態はほぼなかったのです。

にもかかわらず大量のＣＭがオンエアされ続けたのは、各地で開催される説明会で、投資家たちに「ＣＭでお馴染みの近未來通信です！」と売り込むため。ただそれだけのために、大物女優や著名人が出演するＣＭが制作・放映されたのです。その結果、多くの人たちが中継局に投資しました。

白昼堂々

この手の犯罪は最初から破綻が目に見えています。二〇〇六年の秋には事業実態を怪しむ報道がされ始め、総務省も立ち入り検査に乗り出しました。が、時すでに遅し。近未來通信の社長は二億円の札束を抱え、海外に高飛びした後でした。マンガのような詐欺事件だったのです。

「テレビＣＭや新聞広告をよく見たし、有名人を起用するくらいだから大丈夫だろうと思った」

当時、被害者の誰もがこんなコメントを口にしていました。近未來通信は「広告」「ＣＭ」「有名人」に対するふわっとした信頼感を逆手に取り、白昼堂々、テレビという表舞台で行われた詐欺だったのです。これを言うと後出しジャンケンと言われてしまいますが、当時、通信業界に身を置いていた私から見れば、近未來通信のビジネスなんて最初から詐欺にしか見えませんでした。本来のビジネスで見込まれる収益と、投入されている広告費が、どう考えても釣り合わなかったからです。それでも新聞広告が打たれる、大量にＣＭが流れ続けるのであれば、それによって誰かが得をしなければなりません。近未來通信のＣＭは、ズバリ「詐欺師」が得をするＣＭだったのでした……。

†ブルーライトは眼に悪い

スマホやＬＥＤ電球、テレビモニターから放出されるブルーライトは、一般的に「眼に悪いもの」と認識されていますが、皆さん、その「眼に悪い」という情報をどこで手に入れましたか？　恐らくほとんどの方が、ブルーライト対策商品の広告からでしょう。

それらの広告では、ブルーライトの弊害について「●●という可能性を指摘する声もあります」とか「一部では××という結果も得られたそうです」といった、まるで奥歯にモノが挟まったような書き方しかしていません（まともな会社はそういう書き方しかしません）。なぜなら、一般的なスマホ・パソコンの使用によって、ブルーライトが際立ったダメージを眼に与えるという客観的な検証データは、未だ存在していないからです。

「いや、ブルーライトの弊害を発表した研究者がいるよ」と言われる方、確かにある研究機関が「動物の眼にブルーライトを照射し続けたら眼にダメージが発生した、ブルーライトは他の波長の色よりも有害だった」という実験結果を公表したことがあります。でもそれはかなり極端な状況下での比較実験で、しかもその実験の研究費を提供したのは「ブルーライト関連商材」で有名な会社でした。つまり……そういうことなのです。

もちろん眼の酷使は良くないし、眼の老化や眼球へのダメージは懸念すべきでしょう。でもそれはブルーライトに限った話ではありません。ブルーライトが眼を傷めるという客観的なデータは存在しないのですから。

私自身、じつはブルーライトを遮断するメガネを使うことがあります。矛盾している訳ではありません。使うのは夜、寝る前だけですから。そもそもブルーライトの「ブルー」は青空の「青」。太陽から届く光の中でも青は特に大気中で拡散しやすい、だから空は青いのです。もし寝る前に、青空のもとで日光浴をしたら誰だって頭が冴えて眠れなくなるでしょう。同じように「寝る前のブルーライト」は脳を活性化させ、睡眠の質を下げるのです。だから、寝る前の安眠対策として使うのであれば意味もあるのです。

でもそれでは商品が売れない。夜しか使い道がない商品を、わざわざお金を出して買おうという人はそれほど多くない。だからブルーライトは昼も夜も眼に悪いものじゃないと困るのです。「ブルーライトは眼に悪い」は、その情報で得をする人達によって作られた虚構、単なるイメージです。

最近では、大手ブルーライト関連商品のサイトから「眼に悪いかもしれない」という記載すら消え始めています。もうブルーライト極悪説は世に浸透したし、今後うるさい人間が騒ぎ出して指摘を受けるリスクは避けたい……そんな判断があるのかもしれません。

カジノ建設、テレビ番組、CM、ブルーライト……誰が得をして、誰が損をするのかという視点が、どれだけ重要か、良くお分かりいただけたと思います。ちなみにこの本も一緒です。本書に書かれている内容は、タイトルから最後のページまで、その情報で得をする人、損をする人がいます。ですから「この文章で得をするのは誰だ?」といった視点で読んでいただけると、また違った楽しみ方が味わえるのです。

第三章　この表現がヤバい

†その情報に弱点はないのか

情報を「損／得」という視点で眺めると様々な背景が見えてくる。この楽しい作業を行う前に、ぜひ知っておくべきことがあります。情報には、特定の「キーワード」「技法」によるトリックが存在するということ。特にニュースなどでよく使われる表現には注意が必要です。たとえば、

「今後議論を呼びそうだ、懸念される」

「反発は避けられないと思われる」
「懸念する動きが強まる、不安の声が聞こえる」
「疑問の声があがっている、波紋が広がっている」

これらの表現はいずれもひと癖あり、注意すべき言い回しです。なぜならこのような表現が使われる時は、その情報に必要なエビデンス（具体的な数値や根拠）が不足している、あるいはエビデンスがない、つまりその情報に何かしらの弱点がある場合に使われることが多いからです（もちろん、すべてではありませんが）。次のような例で検証してみましょう。

例1「関係者の処分を巡り、現場では波紋が広がっている」
例2「市長選の結果を受け、今後の市政運営は議論を呼びそうだ」

どちらもよく見るお馴染みの表現です。でも、たとえば例1の「波紋」って具体的に何を指すのでしょう。「広がっている」根拠はどこにあるのか。これらが明示されることはまずありません。例2の「議論を呼びそう」なんて単なる予想、伝えている人の想像です。こういった表現が使われる場面では、時に「伝えたい」という思いや、情報を伝えることの意図が先走ってしまい、「具体的な根拠・数値が欠けていませんか？」というケースが、まれに見受けられます。言い換えればこれらの表現は、情報の曖昧さ、根拠の弱さを隠すための表現、とも言えます。

もちろん、誰の目から見ても明らかな「波紋」や「困惑」だってあるでしょう。また、すべてに具体的な根拠を求めたら、何も伝えられなくなる、根拠よりも迅速な報道が必要な場面もある、これも否定しません。

そのうえで、情報の受け手である私たちには「議論」「波紋」「懸念」「困惑」といった曖昧な表現に出会った時に、少なくともちょっと身構えるくらいの心構えが必要なのです。そうすることで「その情報に弱点はないか」とか、「発信者に何かしらの意図がないか」という意識を持てるようになり、「これはちょっと……」という怪しい情報も見逃さなくなります。情報リテラシーを手に入れるためにも、これはとても重要な心構えです。

†清々しい

また活字メディアでよく見られる表現ですが、情報を発信する側の気持ちがエスカレートし、熱い思いが爆発した結果、こんな言葉が使われることもあります。

「●●の否定に躍起になっている」

むしろ清々しいですね。ただ単に「否定している」だけでいいのに、「否定に躍起」ですから。ああ、この記事や原稿を書いた人は、躍起になっているその人のことが本当に嫌いなのだなあ……と思ってしまいます。

情報とは、かくも人間味のある泥臭いものなのです。あふれんばかりの「思い」が込められている、これが情報。マスメディアの情報発信は、近い将来、一部が人間からＡＩ（人工知能）に置き換えられるとも言われており、すでにテストも始まっています（企業の決算発表ニュースや天気予報など）。

それでも情報発信のすべてがＡＩに取って代わられることはないでしょう。こんなに人間味のあるＡＩは未だ完成していませんし、何より人間自身が、情報を発信したいという気持ちをそう簡単には手放せないはずですから。

ちなみに「若者の○○離れ」というニュースにも、根拠が曖昧だったり、事実確認が不十分だったりという事例が多く見られます。若年層の人口減や、統計データの一貫性がしっかり精査され、因果関係も検証され、それでも「若者の○○離れは起きているのだ」という根拠の示されたニュースは、残念ながらかなりまれです。

そもそも「若者の○○離れ」を業績不振の言い訳に使っている人たちがいて、そんな人たちの安易な「逃げ」が、そのままニュースになってしまうケースも、少なくないんですけどね……（皆さんも、次ページでオリジナル「若者の○○離れ」を作ってみましょう）。

†疑似相関

情報を伝える表現に問題なし、トリックや技法も使われていない、でも情報そのものに問題が……というケースもあります。以前、ある映画会社が「映画館に通って映画を楽しむ人は、そうでない人よりも幸福度が高かった」という調査結果を発表し、ネットでもち

キミだけのオリジナル「若者の●●離れ」を作ろう

若者の“［　　　］離れ”が深刻だ。最新の調査によると、日常的に［　　　］している20歳〜29歳の若者は僅か○%程度。なぜ若者は［　　　］しなくなったのか。その背景を探ると意外な事実が……。

都内で働く20代のAさん。「同世代では、もう［　　　］は少ないですね。なにしろ、

パターン①「お金が無い」

「［　　　］にお金を使う余裕なんて、今の若者にはないんです」

パターン②「価値観の変化・多様化」

「今どきの若者は、そもそも［　　　］に興味がありません」

パターン③「異性にモテない」

「今や女性も［　　　］する時代。あえてやる理由がないんです」

ただし、業界も手をこまねいているわけではない。京都の老舗［　　　］では、若者のライフスタイルに合わせた新しい［　　　］を提案している。

また業界の若手によるプロジェクト「新しい［　　　］作り」では、従来の発想を捨て、若者が受け入れやすい［　　　］の開発が進められている。

文化としての［　　　］を守り続けることが出来るか、その命運は次世代を担う若者たちにかかっている。

ょっとした話題になりました。調査によると、映画館に年五回以上通っている人は「充実感」「希望」「生きがい」といった項目が、「映画館に行かない人」より一〇％以上も高かったそうです。その調査結果については「はい、そうですか」としか言えないのですが、発表はこう結論づけていました。

「映画館で映画を見る行為によって、人々の幸福度が上昇することが判明」

これは「疑似相関」と呼ばれる、情報自体に問題があるケース。ある二つの事柄に因果関係がないのに、あたかもそれが存在するかのように見えてしまうもの。特に学術研究の世界ではご法度です。またラーメンを例に考えてみましょう。

・犯罪者の九〇％はラーメンが好きだ
・犯罪者の三〇％が犯行の三日前までにラーメンを食べていた
・ラーメンを食べたことがない犯罪者は一％以下である

「……そうか！　ラーメンを禁止すると犯罪が減るのか！」

これが疑似相関。ただ単にラーメンが一般的な食べ物であるだけなのに、あたかも犯罪の発生率に関連しているかのような誤った解釈をしているのです。この解釈に基づけばラーメンは法律で禁止するべきでしょう。

もっと乱暴にたとえるなら、「寒い日はラーメン屋が繁盛するらしい。じゃあ、ラーメンをたくさん売れば気温が下がるぞ」。これも疑似相関です。支離滅裂な解釈ですが、時に立派な学者先生でさえも、疑似相関のワナに陥っている姿を見かけます。どうしても「その結論が欲しいのじゃ！」と思った結果、疑似相関の誘惑に吸い寄せられてしまうのでしょう。

ちなみに映画館によく行く人の幸福度が高い理由は、ただ単に「気持ちのゆとりや経済力、時間の余裕がなければ、年に五回も映画館に出掛けられないでしょ」というだけです。そのような環境で過ごせる人は日々の幸福度も高く、それが映画鑑賞の回数と比例しているだけの話。加えてもしその人が映画好きなら、映画館に足を運ぶ度に幸福度だって上がるはずです。調査対象に「映画好き」は含まれていたのか、とても気になるところです。

情報リテラシーでは、このように「気にする感覚」「ほじくり返すセンス」がとても重要になります。

数字だって嘘をつく

情報がちゃんとした「数値」「統計」である場合でも、やはり注意は必要です。よく「数字は嘘をつかない」なんて言われますが、数字だって嘘をつきます。もちろんやらかしているのは、その数字を扱う人間の側ですが……。例えば、

「調査の結果、●●の発生件数が、昨年よりも激増したことが判明」


こんなニュースを耳にした時、特にそれが重要で深刻な内容であれば、ちょっと立ち止まって冷静に考えて欲しいのです。

例えば「いじめの認知件数」といった調査でよく起きがちなのが、深刻ないじめ事件が起き、いじめ防止に社会の注目が集まった結果、その次に行われた調査が「それまでより

念入りな方法」で実施され、結果的に認知件数が激増、というケースです。

長期的な調査は、本来、調査基準や手法が厳密に定義されていなければ意味がありません。調査の手綱加減で認知件数が増えるということは、その逆もありうるということですから、意図的な改ざんも可能になります。

＊言うまでもありませんが、念のため……。これは「いじめなんて増えていない」という主張ではありません。ここでお伝えしたいのは、命にかかわるような重要な調査なら、その精度も重視すべきでしょう、というごくあたり前の意見です。

「いじめの認知件数」は特殊な例ですが、通常、ニュースになるような社会的関心の高い調査では、たいていその調査結果で「得」をしたり「損」をしたりする人がいます。調査担当者は誰か、そこに利害関係者が加わっているか、数字を眺める時には、こんな人間臭い要素も気にして欲しいのです。

では、そんな数字を元に作られる「グラフ」はどうでしょう。「元になる数字が正しければ、グラフも正しいだろう」と思われるかもしれませんが、残念ながらグラフも嘘をつきます。もちろんグラフに罪はありません。また例によって悪いのは、そのグラフを作った人間です。例えばこんなグラフを見てください。

68ページの「例1」は、長期的なデータのある一定期間だけを切り取って見せることで、作成者にとって都合の良いグラフに変化しています。「例2」は、どちらも同じグラフですが、目盛りを変化させることで、数値の変動が、ほぼ「なかったこと」にされてしまいました。きっと、ライバルの努力、成果を「なかったこと」にしたかったのでしょう。困ったものです。「例3」は特にタチの悪いもの。グラフを立体化する過程で、意図的にある領域の面積を大きく見せています。もう印象操作と言っても良いレベルですね。

「こんな悪質なグラフが実在するのか？」と驚かれるかもしれませんが、いずれも過去、実際に誰かが作成し世の中に送り出したグラフです。メディア、公文書の中からも、こういったインチキグラフを見つけることができます。

でもご安心を。グラフだって情報ですから、インチキに立ち向かう方法も一緒です。

「このグラフで誰が得をするか、損をするのは誰だ」という視点で眺めると、ぼんやりと

例1

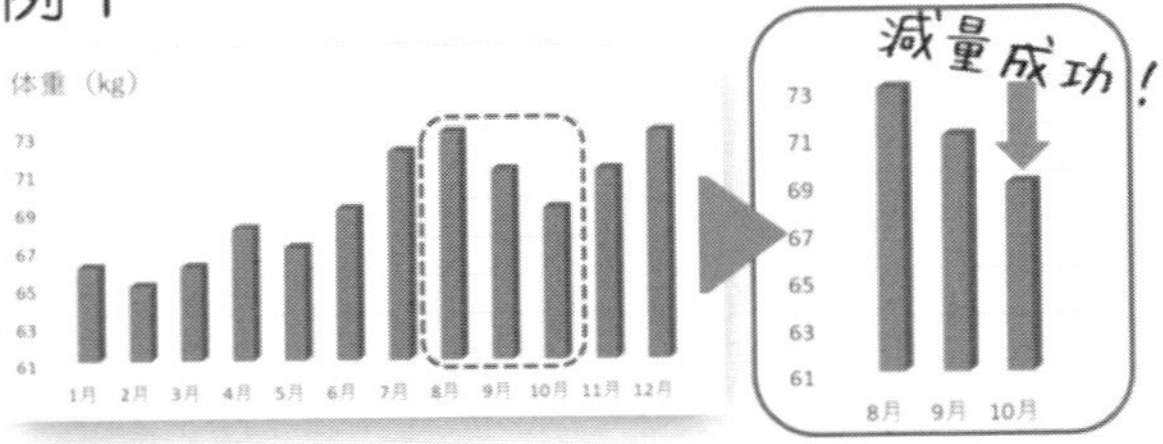
体重（kg）
73
71
69
67
65
63
61
1月 2月 3月 4月 5月 6月 7月 8月 9月 10月 11月 12月
減量成功！
73
71
69
67
65
63
61
8月 9月 10月

例2

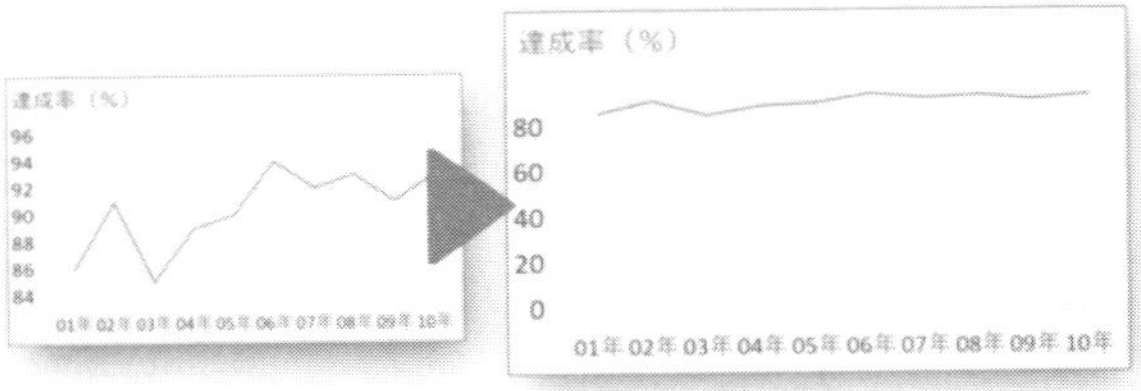
達成率（%）
96
94
92
90
88
86
84
01年 02年 03年 04年 05年 06年 07年 08年 09年 10年
達成率（%）
80
60
40
20
0
01年 02年 03年 04年 05年 06年 07年 08年 09年 10年

例3

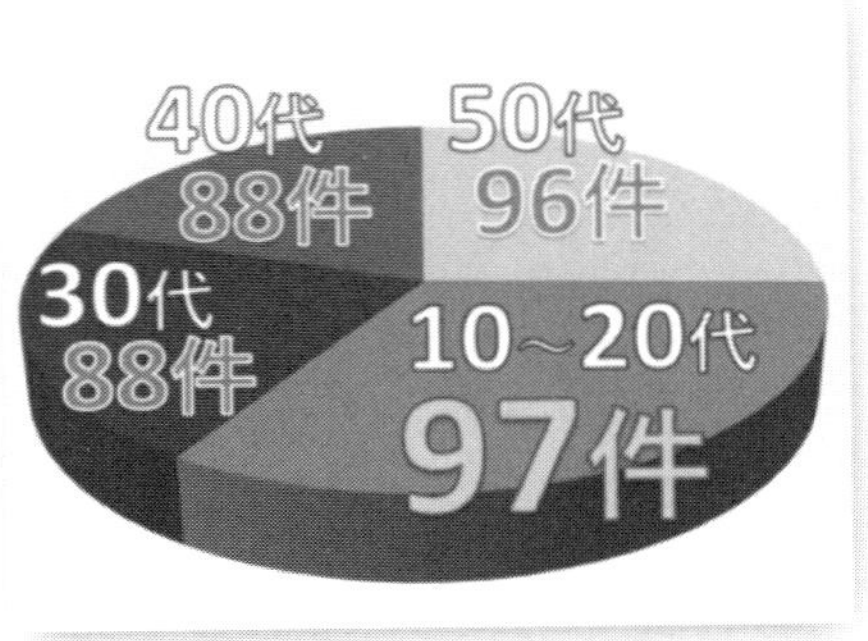
40代
88件
50代
96件
30代
88件
10～20代
97件

その不自然な部分が見えてきます。悪意を持って作られたグラフは、作成者の意図もバレやすいのです。

数値もグラフも人が作り出す情報です。クールに見えてじつは人間臭い、いろんな思いや狙いが込められやすいもの。そう考えると、小難しい数値やグラフにも少し親しみが湧いてきますね（悪意のあるグラフは論外ですが）。

†それ、あなたの個人的な……

ここまで、主にメディアにおける情報表現を見てきました。続いて「ネット・SNSでよく見かける表現」についても考えてみましょう。ネットの世界だって、情報の本質は変わりません。むしろネットは「キーワード」「技法」によるトリックだらけ。学ぶべき事例であふれています。たとえばツイッターには、こんな投稿がよく見られますよね。

> 些細な発言でネット炎上、日本人はどれだけ不寛容になったんだ。

他のSNSと比較すると、ツイッターは自分の主張や他者への反論という投稿が多く、このようなツイートも頻繁に目にします。自分の思いがあふれた結果、無意識のうちにトリックを仕込んでしまうことがあるのです。

この例では、誰かがネット炎上で集中砲火を喰らっている様子を見て、苦言を呈しているようです。まあよく見かける投稿ですね。でも後半でいきなり、「日本人はどれだけ不寛容になったんだ」はどうでしょう？　短い文字数でカッコ良くまとめる、使い勝手のよい言い回しなのですが、仮にネット炎上に群がる人たちが不寛容だとしても、それはその人たちの振る舞いの問題であって、大多数の日本人とは関係のない話です。

それをいきなり「日本人はどれだけ不寛容なんだ」と言われても、「それはあなたの個人的な感想、気持ちですよね？」としか言えません。ご本人が、何をどう考えるかは自由なのですが、少なくともこの表現は、乱暴で無理のある論法と言わざるを得ないのです。

残念ながら現代社会は、この無理のある論法が様々な場面で幅を利かせています。二〇一六年の流行語大賞でトップテン入りした

「保育園落ちた日本死ね」

などは、まさに「この論法」そのものでした。もちろん、「死ね」が比喩表現であることは誰もが分かっているし、都市部を中心とした待機児童の問題が、喫緊の課題であることは間違いありません。ですが、それは行政課題の一つであり、日本全体を否定するものではありません。「日本死ね」が、最初にどこの誰（あるいは、どこの団体）によって、どんな意図をもってネット投稿されたのかは分かりませんが、普通に考えれば「日本には、あなた以外の人も大勢いるんですよ」と諭されておしまい、という程度の話です。

これはとても大切なことなのですが、特定の国名を挙げて攻撃・脅迫・侮辱することは、たとえ比喩であっても立派な「ヘイトスピーチ」です。流行語大賞の選考は色々と大変だと思いますが、もうちょっと幅広い視野で考えた方がよいのでは、と感じた年の瀬でした。

†「世間」って誰？

続いても、よく見かけるツイッターへの投稿。なにやら怒り心頭のご様子です。

あきれた暴言ですね、あなたが良くても、世間は許しませんよ。

この方が怒っている理由はともかく、「世間は許さない」は、すでに慣用句として多くの人々に使われている表現です。じつはこんな耳慣れた言葉でさえ、トリックの片棒を担いでいる（担がされる）ことがあります。

あたり前ですが、この方が世論を代表する立場・役職だったり、その意見が世論調査で過半数を集めた事実でもない限り、この「世間は許さない」発言は、やっぱり「それ、あなたの個人的な感想ですよね」と言われてしまう程度のものです。

困ったことに、多くの場合、ご本人はトリックを仕掛けているという認識を持っていません。恐らく悪気もないでしょう。ただ瞬間的に頭に血が上り、次のような「脳内変換」が、ドミノ倒しのように起きているはずです。

「私はあなたを許さない」

↓

「私たちはあなたを許さない」

「世間はあなたを許さない」

これは誰もが陥りやすい思考のワナであり、この後すぐ高い確率で、せっかくの議論が酷い中傷合戦に突入します。ネットでも現実社会でも、議論の最中に「世間は許さない」と叫び始めた人は、脳内にアドレナリンがあふれ、冷静さを失っている可能性が高いでしょう。このフレーズは「相手の冷静さを判断するためのバロメーター」としても使えるのです。

もちろん、世間の誰もが「これは絶対に許せない」と感じるような悪行だってあります。でもそれは明確な基準が存在していない、同時にトリックが暗躍しやすい場面でもあるのです。気をつけましょう。

†ストローマン

やたらと口が達者な人っていますよね。特にネットでは「その人と議論でもしようものなら大抵負けてしまう」、「別に納得できたワケじゃないのに、なぜか勝てない」なんていう人を見かけます。もしやその人、「ストローマン」かもしれません。次のやりとりを見てみましょう。A氏の投稿に嚙みつくB氏の発言に注目です。

A氏の投稿

今回の事件は、路上の防犯カメラ映像で犯人が検挙されたんだね、良かった。

B氏の反論

この人は何を言っているんですかね、路上のカメラなんてプライバシー侵害ですよ。このAという人は、人権を軽視し過ぎる、まるで監視社会の手先ですね。

まあ、お気の毒なAさん。この鼻息荒いB氏こそ「ストローマン」です。ストローマンとは「相手の意見に歪んだ解釈を加えて反論する人」のことで、議論における論法の一つ、藁人形《わらにんぎょう》論法とも呼ばれます。

A氏はただ単に、犯罪者が検挙されたという事実に「良かった」という感想を述べただけ。それなのにB氏は「Aさんが路上の防犯カメラを称賛している」と誇大解釈し、さらには、カメラ設置の経緯・詳細も確認せぬまま「プライバシー侵害」と決めつけ、最後は「人権を軽視」「監視社会の手先」という、いったいどこから引っ張り出してきたのか、という一方的な攻撃をしています。

よく瞬間的にここまで発展できるものだと感心しますが、もちろんこれはフェアな議論ではありません。曲解と誇大解釈を多用すれば、誰でもそれっぽく攻撃できるものです。しかも第三者から見れば、それなりに「筋の通った批判」に見えてしまうのですから、まあタチが悪い。

先ほど取り上げた「日本人はどれだけ不寛容になったんだ」や「世間は許さない」も、前後の文脈によってはストローマンになります。こういった論法・技法は他にもあって、特に次の二つは有名です。

「チェリー・ピッキング」（自分に都合の良い事例だけに着目する）

〈例〉●●市の出身であるA氏、B氏にはいずれも逮捕歴がある。恐らく●●市の教育環境には何らかの問題があるのだろう。

数多くの住民が存在しているにもかかわらず、逮捕歴のあるA氏・B氏の二名だけに着目し、市全体の教育環境に結びつけて非難している。

「燻製《くんせい》ニシンの虚偽」（本題から注意を逸らす）

〈例〉確かに私は就業規則に違反した。でも社内には私よりも営業成績が悪く、会社に実害を与えている人間が大勢いる。ペナルティを受けるべきは彼らだ。

就業規則の違反を咎められた際に、それとは全く関係のない営業成績という要素を引き合いに出し、自分の行為を矮小化している。

このような論法・技法は他にもたくさんあります。ネットも現実世界も、世の中それだけ「そういう人」が多いということでしょう。また例によってこの本にも、こういった論法・技法が紛れ込んでいるかもしれません。とにかく情報に例外はありません。

第四章　ウワサを信じちゃいけないの？

†クチコミマーケティング

続いては情報を「拡散」という視点から考えてみましょう。SNS全盛の昨今、ネットによる拡散＝クチコミから生まれるヒット商品は、もう珍しいものではありません。二〇一八年の夏に大ヒットした映画『カメラを止めるな！』も、まさにクチコミが生んだ話題作でした。

無名の低予算映画であり、当初は都内二館のみで上映だったにもかかわらず、それを観た観客の「面白かった！　でも……詳しく書けない」というSNS投稿（詳しく書けない理由もあった）がきっかけとなり、新たな観客を呼び込む、それがさらに「面白かった！でも……」という投稿につながり、それを見てまた別の誰かが……こんなクチコミの連鎖が巻き起こり、短時間で海外にまで波及する大ヒットにつながりました。

クチコミによるマーケティングを成功させるためには、「拡散」（＝誰かに伝えたい）と「購入」（＝当事者になりたい）という二つの要素が欠かせません。片方だけじゃダメ、両方揃って初めて商業的な効果が得られます。そして『カメラを止めるな！』のクチコミには、この二つの要素がどちらも備わっていました。

まず「拡散」。そもそも低予算映画です、宣伝費用などありません。つまりほとんどの人が知らない映画だったのです。「面白かったなあ。でもみんな、この映画のことを知らないんだよな……」。情報の本質という視点で考えれば「美味しいラーメン屋を見つけた」と同じ状況です。しかもほぼ誰も知らないというプレミア付き。まさに「誰かに伝えたい！」が炸裂する場面でしょう。実際この映画を観た多くの人がSNSに感想を投稿しました。

続いて「購入」。この映画のストーリーは、前半の伏線を後半で回収する構成となっており、映画の面白さを伝えようとすると、どうしても「ネタバレ」になってしまいます。

だから自然と奥歯に物が挟まったような表現、「詳しく書けない」状況になります。その投稿を目にした人は「え、詳しく書けないってどういうこと？」というストレスを感じ、それを解消するために映画館に足を運ぶ、つまり「購入」です。

「カメラを止めるな！」は、クチコミマーケティングの成功要素を満たした、SNS時代にぴったりの映画だったのです。

実際、私もこの映画のことはSNSで知りました。「言えない！」という投稿を何度も見せられた結果、もう我慢できなくなり、普段めったに行かない映画館に駆け込みましたからね。面白かったです。

†「鍛高譚」はなぜ売れた

もちろん、クチコミによる社会現象は今に始まったものではありません。ネットやSNSが存在していなかった時代の、全国的な「口裂け女」のウワサ、石油ショックの「トイレットペーパー買いだめ」といった騒動は、まさにクチコミが引き起こした現象です。クチコミの特性の一つに「悪い情報はより悪く伝わる」という増幅効果があり、それ故にウワサ話に尾ヒレが付き、日本中の小学生が恐怖し、全国の主婦が買いだめパニックに陥ったのです。そしてその逆も然り。クチコミは「良い情報はより素晴らしく伝わる」という特性も持っています。SNS時代を迎える少し前、その特性を見事に活かしたマーケティング例がありました。

二〇〇〇年代の初め、突如ブームが巻き起こり人気商品となった「しそ焼酎『鍛高譚《たんたかたん》』」。全国的に品薄となり、定価の一〇倍近いプレミア価格で取引されるなど、かなり話題になりました。北海道の白糠町《しらぬかちょう》が「しそ」の産地だったことから、町の特産品で焼酎を作ろうと開発されたのですが、そんな商品が、発売から一〇年ほどのタイミングで突如ブームとなったのです。そしてその背景には、地元の人たちによる、ささやかで挑発的な努力がありました。ブームのきっかけは、あるテレビ番組で取り上げられたからとも言われていますが、じつはそれ以前に、白糠町の人たちによる草の根プロモーションが秘かに行われていたのです。しかもそれは驚くような内容でした。

当時、地元の白糠町や釧路・札幌で消費されていた「鍛高譚」も、全国的な知名度はほぼゼロ。ですが大規模な販売促進を行う予算はありません。そこで地元関係者らが立ち上がり、皆で作戦を練り、計画を立て、一斉に東京に出向いたのです。彼らは都内各所の居酒屋をターゲットに分散、「お客さん」として店に飛び込み、席に着くなり店員にこう言いました。

「鍛高譚ちょうだい。えっ！　置いてないの……？」

まさかあの鍛高譚を、この店は置いていないのか、そんなバカな……ああ、飲みたかったなあ、鍛高譚。お店が不安になるくらいの落胆ぶりを見せつけ、一杯ひっかけてから店を出る。そして次の店でも、その次の店でも……同じパフォーマンスを一晩中、ひたすら繰り返したのです。

そんなささやかな努力の結果、なんと都内で「鍛高譚」を扱うお店が徐々に増え始めます。まさに「拡散」と「購入」の人海戦術。この草の根作戦が、最終的にメディアが取り上げるまでの状況を作り上げたのでした。

もちろんこの成功の前提には「商品自体の魅力」が不可欠です。実際とても美味しい焼酎ですからね。どんなに強力なプロモーションも、魅力のない商品には効果なしです。ですが良い商品なら売れるのかと言えば、もちろんそんなワケもありません。だから皆、悩むのです。またプロモーションが成功しても、肝心の商品が手に入らなければ「購入」できません。鍛高譚のプロモーションは、都内向けの物流ルートがしっかり確保された段階で行われていました。

当時すでにブロードバンドが普及し、誰もが情報発信できる時代でしたが、ネット媒体はまだ「個人ブログ」が中心、モバイル端末もガラケーやPHSがメイン。ネットは、焼酎のクチコミマーケティングの舞台になれるほど熟成していませんでした。そんな時代だからこそ、この草の根プロモーションが生み出されたのでしょう。もしSNS全盛の現代だったら、白糠町の人たちはまた違った面白いプロモーションを仕掛けていたかもしれません。

†錯覚効果

企業がクチコミを重視する理由は、この草の根キャンペーンのように「良い情報はより素晴らしく伝わる」から、だけではありません。クチコミにはもう一つの、「この情報は信用できる」という心理的な錯覚を与える特性があり、それが販売促進で効果を発揮する、だから重視するのです。例えば、あなたに向かって、

どちらが信用できます？

「僕は周りの誰からも信頼される人間です。困った時にはいつでも相談に乗りますよ」なんてニッコリ、自信満々に話しかけてくる人がいたらどう思いますか？　「（わあ、自分でそんなこと言えちゃうんだ、なんか凄いな……）」と普通はドン引きしますよね。恐らく印象も良くないでしょう。ところが、彼の横に立つ人から、

「彼は周りから信頼されていて、困った時にも相談に乗ってくれるんですよ」

なんて紹介されたらどうでしょう？　「なるほど」と自然に受け止められるのではないでしょうか？　少なくとも「オレに任せろ！」とグイグイ来られるよりは、誠実な印象を受けるはずです。

伝えている情報の中身は同じはずなのに、第三者を介して伝わった情報には、なぜか「信頼できる」というバイアスが生まれやすい、これがクチコミの錯覚効果です。映画の評判で言えば、映画の配給元から「見逃すな！」と言われると、ハイハイそうですか、としか感じないのに、第三者のクチから「絶対に観に行った方がいいよ！」なんて聞かされ

ると、途端に信頼度がアップし、ソワソワしてしまいます。信頼度の醸成、これがクチコミのもう一つの特性なのです。

仕事柄、中高生くらいの若い世代からお悩み相談をいただくことが多く、それが「好きな人がいるんだけど」みたいな甘酸っぱい内容の時は、特に頑張って、なるべく有効なアドバイスをするようにしています。状況によっては、

「信用できる友達に頼んで、あなたの『良い評判、素敵なエピソード』のウワサを、好きな子に伝わるよう、上手に、自然に伝えてもらったら？」

とアドバイスすることもあります。理由は言うまでもないでしょう。

†ステマの仁義

クチコミ＝信頼できるという「錯覚」。この特性を活かして、近年ネットを中心に発達したのが「ステルスマーケティング」、いわゆるステマです。悪く言えば、広告であるこ

とを隠したやらせ・サクラによる宣伝。例えば、グルメサイトのクチコミ欄に好意的な感想を書き込む、ネット通販の商品レビューに高評価をつける、芸能人・著名人が自身のブログで「この化粧水すごいの！」みたいな投稿をする、でも実際、それらは個人の感想ではなく、依頼主の意向に沿った内容だった……というステルス（隠れた）宣伝です。

これらのステマ投稿には、ページビューや購入者数に応じて、それなりの報酬・キックバックが発生しますから、個人の感想だと思って読んでいた消費者は、ウラを知れば、当然ながら「騙された！」と感じるのです。ちなみに、商品・サービスの提供元が身分を隠し、第三者を装って自ら行う宣伝も、やはりステマになります。

ですがステマは必ずしも違法というワケではなく、例えば商品・サービスを不当に高く評価したり、競合品より優れていると勘違いさせるような、誤解を招く表現だった場合、つまり許容範囲を超えた大袈裟な広告である場合にのみ違法となります（だから「鍛高譚」の草の根プロモーションは、ステマかつ、問題のない適法な行為です。念のため）。

そしてこれはステマに限った話ではなく、いわゆる広告全般に適用されるルールですから、逆に言えば、ステマ行為そのもの、サイトやブログに「良い評判を書いてくれ」と依頼する行為自体は違法ではありません。

とは言いつつも、個人的には「ネットのステマ」はやらない方が無難だと考えています。もちろんノウハウや成功例を持っているのなら結構ですが、そういったモノもなく手探りでやってみるとか、『カメラを止めるな！』の拡散をマネたところで、恐らく高い確率で失敗するからです。それも単なる失敗、誰にも気づかれなかった、ならまだマシ。最も恐ろしいのは、失敗したうえにそのステマがバレる、仕込みであることが発覚してしまうケースです。

†自分磨きの一種

ステマ失敗の恐ろしさに触れる前に、インターネットの特性について確認しておきましょう。ネットの特性なんて、それこそ幾らでも挙げられますが、一つ、間違いなく言えるのは「情報の一覧性」です。例えばネット通販。無数の店舗から「商品価格」「在庫状況」の情報を得て、並べて吟味する。これは誰もがやっていることでしょう。また電車の乗り換え検索も、やっているのは「経路」「運賃」「所要時間」の比較です。ネットは星の数ほどある情報から、必要なモノを抽出し比較する、これが得意なのです。これがなぜ「ステマの失敗」に関係するのか。じつはこんなエピソードがありまして……。

二〇二〇年の東京オリンピックは、招致後に発覚したコストの問題、競技会場の設計変更などでも話題になりましたが、無償ボランティアの募集でもちょっとした物議を醸しました。じつはネットで、「あれ、これは……」という、ステマかもしれない少し特殊な騒動が起きていたのです。

自分磨きの一種？として二〇二〇年のオリンピックボランティアに応募することにしました！語学とかはさすがに無理だから一般枠で応募します！　意気込みとか書く場所ないから悩まなくていいのはありがたい。ただ私には大したスペックがないんだよね……

これは、とある個人のＳＮＳに書かれた投稿です。素直な気持ちで読めば、ああ、この人はボランティアに応募するんだね、としか思わないでしょう。でもこの投稿、何となく違和感がありませんか？

まずＳＮＳに気軽に投稿された個人コメントにしては、文章が洗練され過ぎ、リズム感

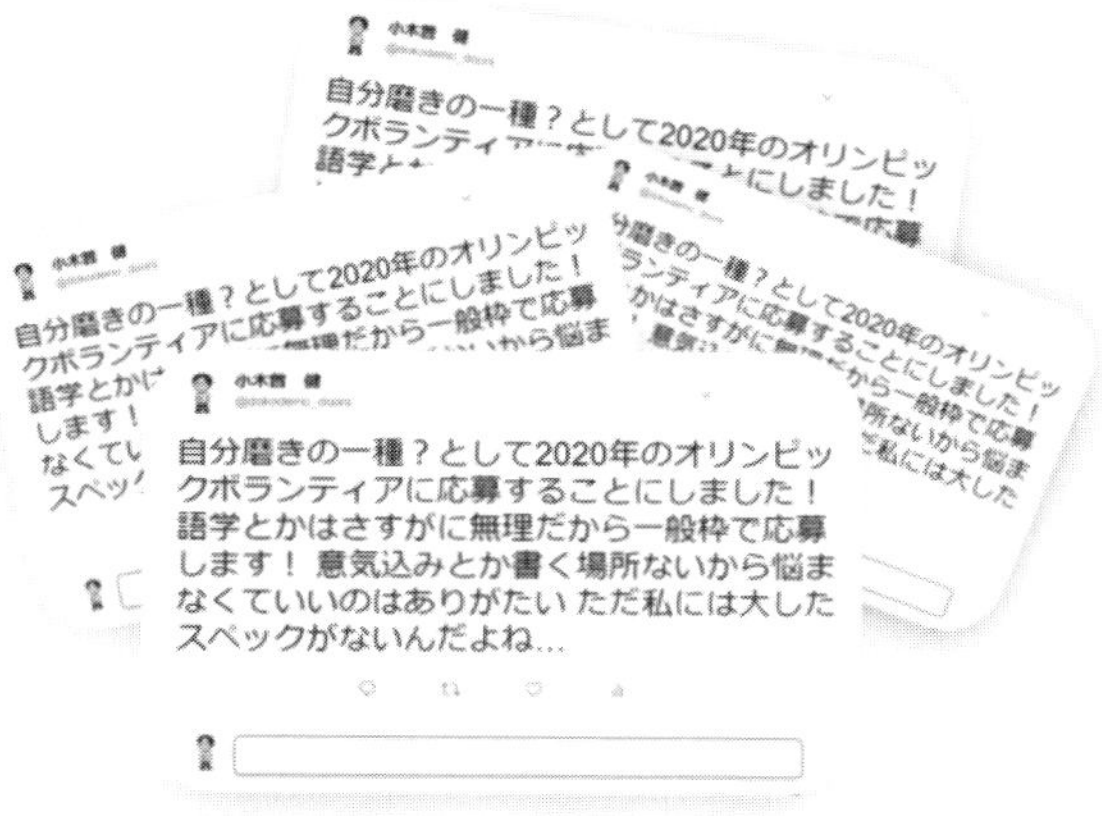

もあって読みやすい。まるで複数の人が、ああだこうだ議論しながら何度も修正・推敲した「痕跡」みたいなものが感じられます。

また素人が書いた文章なのに、文字数に対し、そこに含まれる情報量が多過ぎです。この投稿には、ボランティアに応募する際の「精神的なハードル」を下げるような情報がいくつも書かれています。

・語学堪能でなくても申し込みは可能
・申し込みの書類は簡便で気軽に書ける
・得意分野がない人も申し込んでいる

まるでボランティア募集のポスターに書

かれそうな内容ですね。さらには不自然なまでの前向きなテンション。普通、ボランティアに申込む前のタイミングなら、何かしらの不安や迷いがあって然りですが、この投稿からは、それらの感情がほぼ感じられない。この投稿は全体的にちょっと不自然で、違和感があるのです。恐らくこの違和感を持った人が他にもいたのでしょう。そのうちの一人がこう考えました。「もしや、これは個人を装って投稿された、ボランティア募集のステマなのでは……」。

こんな投稿一件だけでは、効果なんてたかが知れています。もしステマなら、この投稿は少しでも多くの人の目に触れる必要があるでしょう。ということは、他にも同じ文章が投稿されているはず。ここでネットの特性「情報の一覧性」です。ネットはこういう場面で能力を発揮します。この投稿を怪しんだ人が、この文章をそっくりそのまま、ネット検索したのです。すると全く同じ文面、同じ内容が、他のアカウントからも投稿されていました。あっという間に「これはオリンピック組織委員会によるステマだ！」と大騒動になったのです。

†ネットはステマに向いてない

この件が単なる偶然か、それともボランティア申し込みを促進するためのステマだったのか、あるいはもっと草の根的な「何か」だったのか、今となっては誰にも分かりません。恐らく、今後も真相は分からないままでしょう。

「そんなの、投稿した本人に直接聞けばいいのに」と思われるかもしれませんが、騒ぎによって当該の投稿は削除されてしまい、またこの騒ぎに便乗して、わざと「同じ文面」をネタとして投稿するアカウントが激増、さらにはみんなでこの投稿をおもちゃにして、色んなパターンに改変、競うように投稿した結果、最終的にどれが最初に投稿された本家なのか、微妙に分からなくなってしまったのです。

もし仮に、最初の投稿をした人に質問することができても、返ってくる答えは「ステマではありません」に決まっています。この件が本当に「単なる偶然」や「商業的ではない草の根的な活動」(私はこの可能性が高いと思っています)なら、そう答えるのが当然でしょうし、もし本気で仕込まれた商業ステマだったら、当然「ステマであることは他言禁止」という契約がされているはずですから、やっぱり返ってくる答えは同じ。つまり、質問する意味がないのです。

このエピソードに関しては、未だに「オリンピック組織委員会によるステマだ」と主張する人もいれば「ステマに見えただけ、誤解だ」という人もいます。ステマの疑いだけでも、ここまで長期的な混乱を生んでしまうのですから、本気のステマがどれだけ難しいチャレンジなのか、お分かりいただけるかと思います。実際、過去にはタレントを使った悪質な商業ステマが発覚し大炎上、その後、そのタレントさんは、しばらく仕事がなくなってしまいました。

ステマはネットが主戦場だと思われがちですが、「情報の一覧性」というネットの特性や、失敗時に抱えるリスクまで考えると、ステマとネット、じつはあまり相性が良くないのです。そんな博打に打って出るくらいなら、クチコミを意識して、丁寧なサービスの作り込み、クチコミが活性化しやすい土壌作りに注力し、あとはアンテナをしっかり張って自然な情報拡散に任せる、これくらいで良いのではと思います。

†デマはピンチにやってくる

クチコミを応用したものがステマですが、クチコミが別の目的で、もっと悪質で許されないレベルに発展したものが、いわゆる「震災デマ」。フェイクニュースを語るうえで、

「震災デマ」は避けては通れない大きな問題です。

ネットの震災デマは「東日本大震災」の頃から、少しずつ見かけるようになりました。近年は大きな災害が起きると、必ずと言ってよいほど震災デマが投稿されます。熊本地震の時は「動物園からライオンが逃げた！」というデマ情報を投稿した会社員が、数か月後に逮捕されました。

じつはこれ、逮捕も当然の悪質行為です。なにしろそのデマのせいで、本来は必要のない「問い合せ対応」や「安全確認」に費やされる稼働が発生し、本来するべき緊急対応に支障が出るかもしれないから。実際、熊本のデマでは動物園に一〇〇件以上の問合わせが殺到しました。また東日本大震災の時には、

「支援物資の空中投下ができないのは、自衛隊の運用ルールのせいだ」

というワケの分からないデマが拡散し、あろうことか自衛隊の駐屯地に確認の問い合せをするおバカさんまで現れました。あの大勢の人命にかかわる状況の中、下らないデマに対応せざるを得ない自衛隊員がいたのです。震災デマがいかに愚かで罪深い行為かお分かり

いただけるでしょう。罪に問われるのも当然、到底許されるものではありません。

†リツイートも罪になる

情報を発信する行為には責任が伴う。だからデマを捏造・投稿した人間は罪に問われうる。これは当然なのですが、実はそのデマを発信した本人以外も罪に問われるケースがあります。SNSは「転載・転送」が盛んですが、じつはこの「転載・転送」も情報発信に当たるのです。

もちろん、デマ投稿の「転載・転送」すべてが罪に問われる訳ではありません。問題となるのは「デマだと知りながら、その拡散・混乱を意図して」転載・転送するケース。拡散によって発生した実害の責任を問われる場合があります。

困ったことに、二〇一八年の大阪府北部地震では、明確な悪意が確認できないデマ投稿（でも非常に疑わしい）と、やはり悪意が確認できない拡散リツイート（でも非常に疑わしい）が散見されました。震災デマは、下手をすれば大勢の人命にかかわる悪質な行為です。後日、処罰を下せば良いというものではありません。自分や家族の身を守るためにも、震災デマの見分け方を知っておきましょう。震災デマ、じつは意外と簡単に見分けることができます。

✝震災デマの見極め方

震災デマは、三つのパターンに分けることができます。

・パターン① 科学的、常識的に考えて有り得ないもの

「今日から三日以内に、また大きな地震が発生するらしい」
「今回の水害は、●●が気象兵器を使って発生させたもの」

バカバカしいと思われるかもしれませんが、大きな災害が発生した時に必ず見かける、最もポピュラーなデマです。「△△兵器」については、ご本人が本気で思いこんでいる残念なケースも多く、災害の状況によって「地震兵器」に変わったりします。
言うまでもなく、大災害の発生日時を事前に正確に予知できる人、意図的に大災害を引き起こせる人がいたら、その人は宇宙の帝王です。こういったデマには、社会人として最

低限、あたり前の科学的知識を以て対処してください。大人のアタマでちょっと考えれば、すぐに分かるレベルの話ですが、災害時には冷静さを失いがちです。日頃から「こういったモノ」を選別、排除するクセをつけておきましょう。

ちなみに「△△兵器が！」という投稿を連投していた人が、同じ日に「震災デマに気をつけて！」という投稿をしていました。この人、本気なんだ。大人なのに……と頭を抱えてしまったことを覚えています。

・パターン② 情報源の記載がないもの

「友達から聞いたんだけど、○○駅で電車が転覆したらしい」

「●●地区は、今夜から断水が始まるとのこと。自衛隊から聞いた情報です」

これもよくあるデマ。いかにもそれっぽい「●●から聞いた」がポイントで、「あの人にも教えてあげよう」という親切心から拡散が止まらなくなります。そもそも大勢に影響を与えるような大きな事故・情報であれば、運営会社や行政といった「然るべき情報源」からのアナウンスが必ず存在します。そういった情報源が記載されていない場合は、高確率でデマです。

事件や事故などで、それが「現場にいた人からの速報」であれば情報源がないのも当然ですが、その場合も、後で必ず然るべき情報源からの「続報」が出されるはずです。事件・事故で続報がないものは、同じく高い確率でデマだと考えてください。

ちなみに二〇一八年七月の西日本豪雨でも、ＳＮＳで「友達から聞いた」というデマが拡散しました。「●●避難所に優先的に風呂とクーラーが設置されたのは、首相が視察に来るからだ」という内容で、復興を指揮していた担当大臣に「デマです。無責任な情報を流さないで欲しい」と一蹴されていましたが、指摘された当人の言い訳がまさに「友人から聞いた言葉をそのまま書いた」でした。無論そのような申し開きは通用しませんし、悪質なデマは罪に問われるということを理解するべきでしょう。このデマにより発生した「問合せ」や「クレーム」が、現場の足を引っ張らなかったことを祈ります。

・パターン③　それらしい画像が添えられているもの

「●●スーパーが燃えてる！」（デパート火災の画像）
「ふざけんな、動物園から動物が逃げたぞ！」（動物が逃げ出している画像）

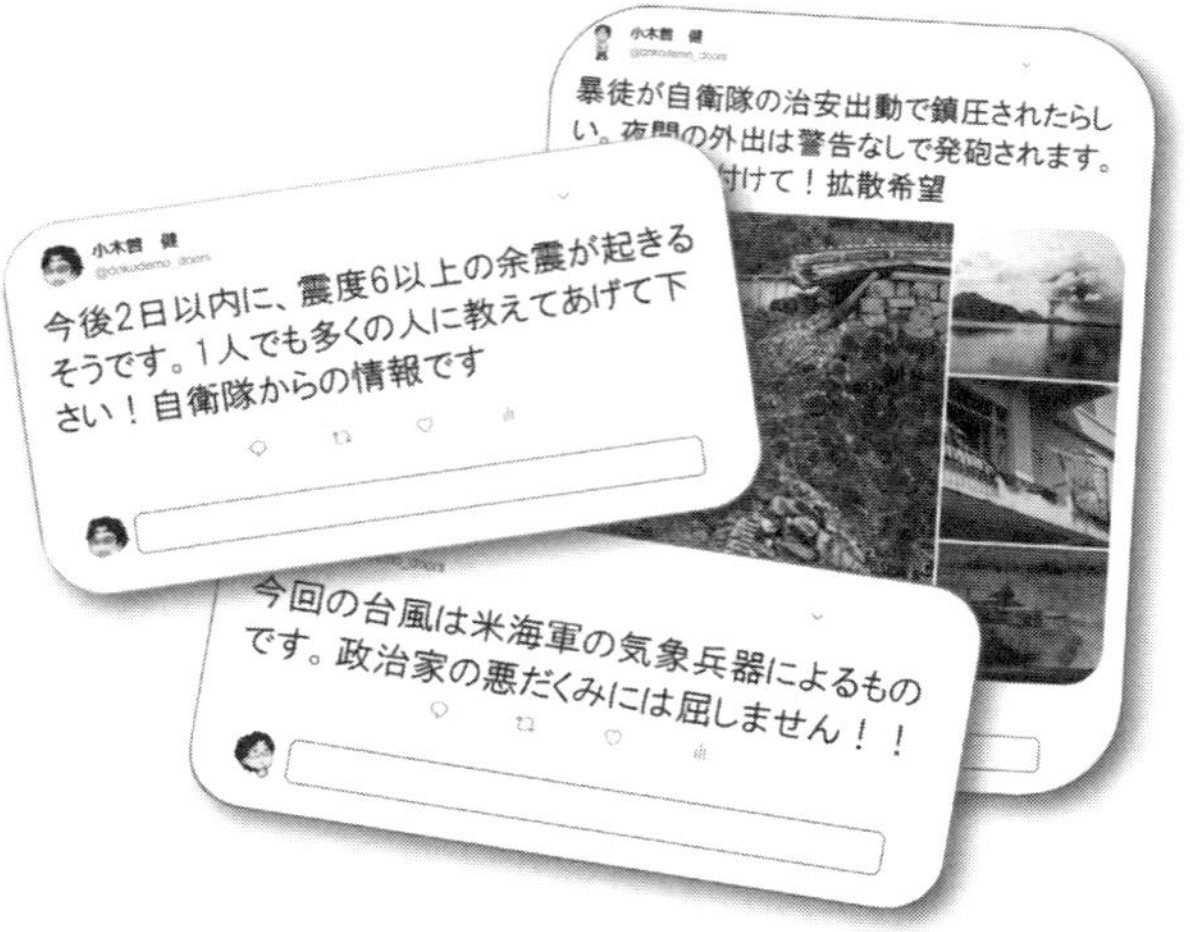

パターン①②では、最初の投稿者に悪意がない可能性も否定できません。ですがこの「それらしい画像が添えられたデマ」については、ほぼ間違いなく最初の投稿者に悪意があると言えます。何しろ、デマの信頼度を上げ、拡散させるために、わざわざ虚偽の画像を追加しているのですから、言い逃れはできません。

このパターン③には、ステマのページでも登場したネットの特性「情報の一覧性」で対応できます。捏造デマに添えられる画像は、たいていネットから適当に拾ってきたもの。ならば逆の、作業をすれば良いのです。添付されたものと同じ画像を、ネットの「画像検索」機能で探してみてください。真偽を確認したいその画像を指定して「これと同じ画像を検索せよ」というやり方です。すぐに元ネタ画像が見つかるでしょう。試しに「スーパーの火災」「鉄道事故」といったキーワードで画像検索をしてみてください、デマに使えそうな画像がたくさん見つかります。悪意を持ったデマの投稿者は、そういった画像を適当に探し出し、無断で流用していたのです。

ちなみに熊本地震の「ライオンが逃げた！」に添付されていた写真は、実際にライオンが路上を歩いている画像でしたが、元ネタは「南アフリカの街中で撮影された映画のロケ風景」でした。これも画像検索ですぐに見つかります。

震災デマは、極めて違法性が高く、しかも多くの人命にかかわる重大な行為です。このあたり前の事実を、少しでも多くの人たちに知って欲しいのです。

†炎上商法

ここまで様々なトリック、技法、マーケティングから、果ては悪質な震災デマまで見てきました。最後は最も高度な情報技法のひとつ、究極のテクニックとも言える「炎上商法」について考えてみます。

ちなみに、ネットに問題となるような投稿をした結果、多くの人から批判され話題になるのは炎上商法ではありません。それはただの炎上です。そんな炎上を何度も繰り返した結果「炎上芸人」「炎上クイーン」などと呼ばれている方もいますが、ここで取り上げるのはそんなケチなものではありません。計算ずくで、想定したメリットや対価を確実に手に入れる、まるで知能犯のような本物の炎上商法です。

たとえば定期的に物議を醸す発言をして話題になる「ホリエモン」こと堀江貴文氏。彼ほど好き嫌いが分かれるキャラクターも珍しいのですが、それこそまさに彼の狙い通り、本人によって意図的に作られた状況なのです。

堀江氏にとって炎上のメリットとは、自分の「ファン」を獲得すること。堀江氏の収入や成功に貢献するコアなファンの獲得、これが堀江氏の狙いです。逆に言えば、自分を批判するだけで、恐らく今後も顧客にならないその他の人たちは、正直どうでもいい。むしろ効率的に選別したいとすら思っているはず。堀江氏は「コアなファン」の獲得と「その他」の選別がとても上手なのです。

インターネットでは、記事の「タイトル」や「発言のワンフレーズ」のみが注目され、その部分だけで炎上することも珍しくありません。批判している人たちが、詳細や前後の文脈を知らぬまま、ただ騒いでいるだけというケース、じつはかなり多いのです。堀江氏はその状況を巧みに利用しています。例えば、

「持ち家も賃貸も論外。僕はホテルに住む選択をした」

（NewsPicks より）

「家族、家、自動車、結婚。人生の四大コストを大幅にカットすれば、一億七二五〇万円以上の資産が生まれ、好きなことに挑める」

（小学館『属さない勇気』より）

いずれも近年、堀江氏周辺から発信された情報です。みなさんはこれらを目にした時、どう感じられたでしょうか？　恐らく多くの方は、「それは違うだろ、なぜなら……」というさまざまなツッコミが思い浮かんだと思います。

実際、ネット上でも「ホテル住まいなんて不安定だ」「住民票はどうするんだ」みたいな意見が見られましたし、「人生の四大コスト」についても、「味気ない人生だ」「車がな

ければ生活できない地方の状況を知らないのか」といった反論・批判がネット上にあふれ返りました。これこそ堀江氏の思うツボ、狙い通りなのです。

†発言の真意

ちゃんと元ネタや書籍を確認すれば、堀江氏の真意は別にあることがわかります。ホテル住まいは「あくまで今の自分にとってベストな選択」であり、自分以外にも当てはまるかどうかは「興味ない」と言っています。「人生の四大コスト」も、既存の価値観から脱却することの重要性を伝えるため、あえて乱暴な提案を投げかけているだけ。まあ、それを差し引いても、これらはかなり意見の割れる考え方だし、私も決して「そうだよね」と感じる訳ではないのですが、少なくとも、ネットで堀江氏を批判していた人たちの多くは、記事や書籍をちゃんと読んでいませんでした。

堀江氏は、それを踏まえたうえで、わざとケンカを売るような表現、誤解を招くフレーズを使うのです。そのまま炎上の「タイトル」になりそうな単語を選び、狙い通りに炎上させて拡散、それを踏み台にして、毎回多くの人々に自分の情報を届けています。

堀江氏が情報を届けたい相手は、氏の極端な意見に、批判よりも先に共感を覚える人たち。やがて堀江氏のコアなファンとなるかもしれない大切な見込み顧客たち。そんな人たちに向け、情報を低コストかつ幅広く届けるには、炎上が一番なのです。

近年は、著名人が運営する「オンラインサロン」と呼ばれる有料ネットサービスが盛況です。サロンの収益は、人によっては年間数千万円という金額に達します。運営者に人気やカリスマ性があれば、サロンのみでも大きな利益を得られます。もちろん堀江氏も自身の有料サロンを運営しています。

＊オンラインサロンとは
ネット上の会員制コミュニティー。中心となる著名人・有名人を軸に、情報交換や会員同士の交流が行えるもの。その多くが月額制で、会費を払うほどのファンのみが参加しているため、炎上やトラブルも起きにくい。並行して実際にメンバーどうしが顔を合わせる「オフラインミーティング」を実施しているサロンもある。

ひと昔前は、著名人によるネットビジネスと言えば「有料メルマガ」でした。そういえば堀江氏も、服役中に有料メルマガを発行し、巨額の会費を集めましたが、オンラインサロンはその現代版とも言えます。サロンは会員限定の閉じた世界なので、運営者はリラックスして情報発信ができるし、また会員も、有名人との距離を感じないコミュニケーションを楽しめます。最近はテレビタレントが運営するサロンも増えてきました。ある意味「ファンクラブ」のようなもの。オンラインサロンは、運営コストが安く収益率が非常に高い、双方向のファンクラブなのです。

堀江氏の「炎上フレーズ」に共感を覚える人は、堀江氏のオンラインサロン会員になる可能性が高い人たちでもあります。炎上を起こす度に「サロンへの会員流入」という経済効果が生まれる、だから堀江氏は炎上させるのです。もちろんサロン会費は安くありません。月額数千円から、カリスマ性のある著名人なら一万円を超えることもあります。たった一度の炎上だけで、毎月の会費を払うほどのファンになってもらうのは大変でしょう。だから何度も炎上させるのです。炎上はタダですからね。堀江氏が定期的に炎上を起こす背景には、こういった理由があるのです。

あえて非難されやすいフレーズを連発し、定期的に炎上を引き起こし、生み出される共感（見込み顧客）だけをすくい取る。メリットのない批判なんて気にしない。そもそも堀江氏の頭の中に「意見の異なる人にも理解して欲しい」とか、「自分の考えを広く伝えたい」などといった甘酸っぱい発想は、恐らく微塵もないでしょう。

プロフェッショナルな本物の炎上商法には、嫌われることなど気にしない鋼鉄のメンタルが必要なのでした。

第五章

すべてはホントでウソでした

†信じたいこと＝「真実」な人たち

炎上商法で堀江氏が踏み台にしたのは「情報を断片だけで判断する人たち」、情報の拡散要員です。彼らの本音は、恐らくこんな感じでしょう。

「ホリエモンは嫌いだから、発言の詳細とか情報源なんて確認しなくていいや。面倒だし、いま面白いんだから、真相の追求なんてしなくていいよね」

人間は「ウソかもしれないけど面白いからＯＫ」と感じたとたん、エビデンスを探すことをやめてしまいます。だって自分には関係ないし、実害もないし……。正直、私もそんなふうに考えてしまうことがあります。ですが、誰もが「面白ければいい」と考えるようになれば、間違った情報が広がり、偏った言い分が広がりやすい世界がすぐにやってきます。そんな状況、だれも望んでいないはずです。ネット時代の今、私たちは「面白ければいい」という問題に、ちゃんと向き合うべき時期を迎えているのです。

面白ければいい、という人たちは、「信じたいものを信じる人たち」です。まるでネットが生んだ、新しい人種のように思われるかもしれませんが、じつはこういった思考は今に始まったものではありません。昭和の時代だって、たいていの家庭は決まった新聞を一紙のみ購読していたし、家庭で視聴するテレビのニュース番組もほぼ決まっていました。誰だって毎日毎日、自分の考えと異なる情報を押しつけられたら不愉快ですからね。程度の差こそあれ、私たちはネットよりもずっと昔から、自分が好ましいと感じる情報を選択し、不快な意見はしっかり排除してきたのです。その都度、情報に対して「信じたい」「信じたくない」というタグづけ作業をしてきたとも言えるでしょう。

そしてネットは、そんな私たちの「情報の選り好み」が劇的に加速する、とんでもない仕組みを与えてしまいました。「ネットの検索エンジン」、いわゆるネット検索です。

「いや、ネット検索は情報を幅広く、客観的に抽出する作業だろう。選り好みとはあまり関係ないのでは？」と思われるかもしれませんが、じつはネット検索という行為、それ自体が、最初から「選り好み」以外のナニモノでもないのです。

†ようこそ「情報ビュッフェ」へ

自民党の安倍晋三氏に関する情報を例に考えてみましょう。安倍氏に批判的な人たちは、「アベ」というカタカナ表記を好む傾向があり、安倍氏に好意的な人々には、特にそういった傾向が見られません。試しに「アベ」「安倍」という二つの単語で、それぞれネット検索してみてください。「アベ」というキーワードで得られる検索結果は、安倍氏に批判的な情報でほぼ占められています。一方で漢字表記の「安倍」で得られる検索結果には、安倍氏本人のウィキペディアや、ニュースや外交動向といった、比較的淡白な情報が多くを占めています。驚くほど温度感の異なる二つの検索結果がいったい何を生み出しているのか。

人間の自然な行動で考えれば、安倍氏に批判的な人たちは、そうでない人と比べて「アべ」表記で検索する機会が多く、その結果、目に飛び込んでくるのは安倍氏に対する批判的なモノばかり。つまり「世の中は安倍氏に批判的な意見が多い」というイメージが、ネット検索によって加速されてしまうのです。そしてもちろん、その逆も然り。安倍氏を支持する人たちは、ごく自然に「安倍」で検索するので、相対的に「アベ批判」を目にする機会も少なくなる。この結果、両者の「世間の安倍評」に関するギャップは、限りなく広がり続ける。これがネット検索による情報の選り好みです。

ネット検索とは、自分が好ましいと感じる情報のスクリーニング（ふるい分け）作業なのです。「こういう情報が欲しいな」と思いながら検索結果を自ら誘導する、これがネット検索です。情報の選り好み自体は、情報の主役がテレビ・新聞だった時代からすでに起きていましたが、ネット時代に突入した結果、この選り好みが劇的に加速されたのです。問題はこの「スクリーニング」「検索結果の誘導」を、多くの人が無意識に行っている点でしょう。

†二つの国連

人は信じたいモノを信じ、情報を選り好みする。そんな人間とネット検索が結びついた結果、私たちは情報の分断という時代に突入しました。現代は、互いが全く違う情報を指さしながら、でもそれに気づかぬまま「自分こそが正しい」「バカな、正しいのは私だ」と殴り合っている時代なのです。この状況について、非常に分かりやすい例があります。「福島第一原発」に関する、次の二つの発言を見てみましょう。

A氏

「一時避難している子供たちや、出産年齢にある女性は、まだ福島に戻るべきではない。**国連からもそういった報告がされている。**だから福島はまだ危険なのだ」

B氏

「福島は大丈夫だ。そもそも原発事故の汚染に起因する健康被害は発生していない。**国連からもそういった報告がされている。**だから福島はもう安全なのだ」

全く異なる二つの意見なのに、奇妙なことに太字部分だけが一致しています。じつは「国連からの報告」云々という部分だけは、どちらも正しいのです。

A氏は、二〇一八年に「国連人権理事会」の特別報告者から出されたコメントについて述べています。実際に「子供や若い女性は福島に戻るな」といった趣旨の報告がされました。一方でB氏は、二〇一四年に「原子放射線の影響に関する国連科学委員会」から出された報告について述べており、その報告では、原発事故に起因する健康被害を否定しています。困ったことに、どちらも実在する国連名義の報告なのです。普通の感覚なら「なぜ同じ国連の名前で、全く異なる報告書が存在するのか？」と疑問を感じるでしょう。

じつは、このような事態に陥った理由を客観的に解説したメディア記事があります。今でもその記事はネットで簡単に見つけられるのですが……ネット上では「こっちの報告書が正しい」「間違っているのはアンタだ」という殴り合い議論ばかり。本来なら、異なる二つの報告という奇妙な事態がなぜ起きたか、というシンプルな議論から始まるべきなのに、そんな場面は滅多に見られません。「信じたい」という呪縛が、情報を選り好みして、エビデンスを求める動きを止め、思考停止を作り出しているのです。ホリエモンに乗せられ、ホリエモンの狙い通り炎上商法に加担し、結果的に彼の宣伝マンになっている「アンチ堀江」な人たちと、まったく一緒なのです。

興味のある方は、なぜ国連から全く異なる二つの報告書が出されたのか、その理由を是非ご自身で調べてみてください。答えはすぐに見つかります（少なくともどちらか一方は、数十名の専門家による科学的根拠に基づく調査報告です）。

繰り返しになりますが、「信じたい」という思考の選り好みは、その多くが無意識のうちに行われています。それがネット検索によって加速され、情報のみならず人々の気持ちまで分断しているのです。

†ニッポンの女子生徒

国連と言えば、個人的に非常に強烈な思い出があります。皆さんは、二〇一五年の国連特別報告者による「トンデモ発言」を覚えていますか？　日本に一週間ほど滞在し、国内の児童売春や児童ポルノの状況を調査した、国連の特別報告者という人がいたのですが、調査を終え、帰国する際の会見で、なんと

「日本の女子学生の一三パーセントが援助交際を経験している」

と、何の根拠も示さずに言い放ってから帰国したのです。この仰天コメントが、後に大騒動を巻き起こしました。

国連の特別報告者とは、特定の国の人権問題について、政府関係者や民間の個人・団体にヒアリングし、結果を取りまとめて報告する立場の人間、国連から依頼されて調査をする「個人」です。そして二〇一五年の来日テーマは児童売春、児童ポルノでした。この問題は、ネット業界にとっても非常に大きな課題です。私はその封じ込めに取り組む立場として、ひょんなことから、その特別報告者に日本の状況を説明する側の一人に指名されていました。

最初にお断りしておきますが、「日本の女子学生の一三パーセントが〜」なんていうバカな話をしたのは、もちろん私ではありません。具体的な数値に基づいて、日本のネットで起きている児童売春の状況や、その対策・効果・課題について説明したのですが……どうもその特別報告者と会話が嚙み合わないのです。

「本当はもっと酷い状況なのではないか？」「〇〇という事例はなかったか？」といった

調子で、まるで最初から、報告したい内容のイメージができ上がっているかのようで、ひたすら着地しない会話が続きました。こちらとしては、その報告者が知りたいと言う情報を、可能な限りエビデンスに基づいてお伝えしたのですが、あまり納得しない様子で帰ったことを覚えています。

報告者はその後も、私以外の数多くの個人・団体にヒアリングしたそうで、恐らく誰かが「日本の女子学生の一三パーセント」という、その報告者が欲しがりそうな与太話を、エビデンスもないままそっと手渡したのでしょう。

いや、だってもしその一三パーセントが事実なら大変な話ですよ。日本全国、津々浦々どの学校でも、ひとクラスあたり二〜三人の売春経験者がいるという話ですからね。早急に何らかの対策が必要です、事実なら。しかも非常に短い滞在期間の中で、そんなスクープみたいな情報を得られるなんて、特別報告者という人はどれだけ有能なのでしょうか、事実なら。

記者会見でのトンデモ発言に、当然ながら外務省は激怒。すぐに国連人権高等弁務官事務所に「一三パーセントの根拠を提示せよ」と猛抗議しました。あたり前です。「お前の家族は売女《ばいた》だ」と言われたようなものです。すると国連側が、次のような返答をしてきたのです。

「重要なのはエビデンスではない。」

何か凄いことを言っていますが、大丈夫でしょうか、意味が分かりませんね。この火に油を注ぐような返答を受け、外務省は再び「国連の肩書を伴う報告が、エビデンスを重視しないなどありえない」と猛抗議、最終的に国連サイドから「一三パーセントに根拠はなかった。誤解を招く内容だった。報告書にも載せません」という詫び状、事実上の撤回宣言を勝ち取ったのでした。

これは「報告者のエビデンスに対する意識が恐ろしく低すぎた」とか、「根拠のない与太話を伝えた日本人は誰なの」といったレベルの話ではありません。国連の肩書がついた報告書でさえ「情報の選り好み」から逃れられないという事実、こっちの方が重要なのです。情報リテラシーが足りないが故の大失態に、当事者として関われたという意味では、日本人は良い経験をしたのかもしれません。

ネット検索により、情報の選り好みが加速されたのは事実ですが、同時にネットはその逆の働き、情報の選り好みを元に戻す、中和するという意外な副産物も生み出しています。今や多くの人たちに使われているネットの「ニュースポータル」、これらのサービスは、私たちが初めて目にする「夢の競演」を実現しているのです。

「Ｙａｈｏｏ！ニュース」や「グノシー」などのウェブサービスは、全国紙、地方紙、テレビ局、通信各社などがネットに配信するニュースを取りまとめ、ジャンル別に並べて表示する、いわゆるニュースポータルを展開しています。ニュースの分野で、ネットの特性である「情報の一覧性」を自動的にやってくれる仕組みとも言えますが、様々なニュースを「ジャンル」という視点で並べると、何が起きるのか……。

例えば「政治」のニュースなら、右翼的だろうが左翼的だろうが、権力寄りだろうが、反体制的な論調だろうがお構いなし。同じ場所、同じページに並んで表示されます。A社の政権批判記事の下に、B社の野党を揶揄する記事が並んだりする。じつはこれ、私たちが初めて目にする面白い風景なのです。似たようなものに、テレビのワイドショーで「今朝の新聞記事」を並べて紹介するコーナーがありますが、アレは似て非なるもの。ちゃんとそのワイドショーが伝えたい内容、記事だけが選ばれています。ですがニュースポータルは、右も左もなく、ただ情報を一覧にしているだけ。そこに既存メディアとニュースポータルの大きな違いがあるのです。

普段なら、その存在にすら気づかない「自分が好まないニュース・記事」に触れる機会を作り、読むきっかけを作る、情報の選り好みに慣れた私たちを、ちょっと中和する、これはニュースポータルが生み出す、ネットの意外な副産物なのです。

†エコバッグ戦争

「資源や環境を保護するために、レジ袋は使わずエコバッグを使おう」。割と一般的なこの意見、みなさんはどう思われますか？　恐らくほとんどの方々が「まあ、異論はないかな」と感じる、あるいは賛同しないまでも、積極的に反対するような方は少ないと思います。でもじつは「エコバッグには大反対だ」と強く主張する人たちがいるのです。

「エコバッグは石油由来の素材で作られているものが多いが、レジ袋は石油精製の残りカスで作られている。だからエコバッグを使うことは資源の無駄遣いにつながるのだ」というご意見。ネットでこの話題になると、ほぼ間違いなく「賛成派」「反対派」の殴り合い議論になります。

○賛成派「残りカスは間違い。大抵アスファルトの原料になります」
↓
×反対派「今やアスファルトは再生素材が主流ですよ」
↓
○賛成派「大量のレジ袋がゴミとなって環境を破壊しているでしょう」
↓
×反対派「レジ袋が減った分、市販のごみ袋が多く使われるから一緒です」
↓
○賛成派「レジ袋は素材の特性上、生物にも悪影響を及ぼしやすいんだよ」
↓
×反対派「エコバッグは、レジ袋より貴重な石油資源で作られているけどね」
↓

○賛成派「天然素材のエコバッグだってあるぞ」

↓

×反対派「ガタガタうるさいんだよ、情報弱者め」

↓

○賛成派「なんだと、情報弱者はお前だ、バカ」

この話題はＦＡＱサイトでもよく見かける定番ネタで、毎回、賛否両論、罵詈雑言が飛び交い、結論に至らないまま終わります。そもそもこの議論には「ゴミの削減」「環境保護」「石油資源の枯渇」といった全く別のテーマが絡み合っており、また議論のベースとなる統計や数値も、双方が都合の良いデータを選り好みして引用するから、もうグチャグチャ。最後は感情の伴った殴り合い議論になるのです。

似たような話に「割りばしは資源保護のために使用を避けるべき」「いや、割りばしは間伐材の有効活用だから使っても問題ない」という議論もありますが、恐らく私が小学生の頃から続いており、未だに着地の気配が見られません。

「エコバッグや割りばしだなんて、スケールの小さい議論だな」と思われるかもしれませんが、じつは「原子力発電の是非を巡る議論」が、まさにこの構図そのものなのです。国や地域の環境、経済を左右する重大なテーマなのに、推進派と反対派の殴り合いしか起きていません。

そもそも原発の問題は、稼働の是非といった単純な話ではありません。原発の運用リスクに加え、非原発エネルギーのリスク、例えば「火力発電が排出する温室効果ガスが地球に与える影響」とか「不安定な太陽光発電をコントロールするコスト、経済に与える影響」などの複雑な課題を分類し、優先順位をつける、リスクを比較する、エビデンスを検証する。こういったあたり前の作業を経て、初めて「これから私たちはどうするのか」という議論が始められるのです。ですが誰かがそれをやろうとすると、すぐに「それをやりたがらない人たち」が飛んできて殴り合いを始める……この分野のまともな議論は、まだ始まってすらいません。

本書はエネルギー政策や原発についての議論を目的としていないので、これ以上書くつもりはありません。でもこんな大切なテーマが、袋小路に迷い込んでいるのが今の日本です。重要な問題、課題については「情報の選り好みなんてしている場合じゃないよ」ということだけはお伝えしたいです。

†一億総カメラクルー

二〇一八年九月、日本に上陸した台風二一号は、近畿を中心に甚大な被害をもたらしました。大都会で車が横転し、木がへし折れ、建物が吹き飛ぶ、誰も目にしたことのない光景。そしてそれらの多くは、現場に居合わせた一般の人々がスマホで撮影し、SNSに投稿した動画でした。そういった動画が瞬く間に世界中に広がっていったのです。そんなネットの情報拡散を見ていた、大阪のあるメディア関係者の方が、SNSにこんな投稿をしています。

> マスコミの取材クルーの数と、一般人が持ち歩くスマホの数とではとても比較にならない。情報量では敵わないのだから、マスコミは役割を切り替えて伝えよう。

スマホ動画の画質は、今やテレビ放送に耐えられるレベル。そのカメラが世界中の路地裏、各家庭の隅々にまで入り込み、スクープ映像を捕えようと待機している。そんな状況に映像メディアが張り合っている場合ではない。この投稿にはそんな気持ちが込められていたのだと思います。

かつて速報性で新聞を追い抜いたテレビが、今度は同じ理由でネットに追われる立場になりました。当時の新聞は、テレビの速報性に「情報の深掘り」で対抗、自らの役割を大きく変えることで、現在もマスメディアとして生き残り続けています。今度はテレビが、その役割を大きく変える時を迎えているのです。

†メディアに自由を

ここまでに何度も書いてきましたが、すべての情報に「本当」も「真実」もありません。情報には必ず、思い込み、偏りがあります。マスメディアもこの情報の本質から決して逃れることはできませんし、私はそれが悪いことだとは考えません。

そもそも、もし「真実が一つ」なら、あらゆるメディアが全く同じ内容を報道するはずでしょう。もしそうならメディアは一社で十分です。そうなっていない理由は、マスメディア自身が情報をアレンジし、独自性を持たせ、差別化しているからです。

この話をすると必ず、「いやいや、モノゴトには多角的な検証、多角的なモノの見方が必要ですよ」と言われるのですが、それこそ大きな矛盾です。モノの見方を変えるだけで

「本当」や「真実」が枝分かれするのであれば、もはやそれは単なる情報です。やはり情報に「コレが唯一の本当、コレこそ真実」はあり得ないのです。「本当」や「真実」が何種類あっても構わない、むしろ当然。だってそれが情報の本質ですから。いっそのことマスメディア側から

「自分たちが正しいと思うこと、自分たちが伝えたいことだけを、自分たちの意図を込めて報道します。情報に本当も真実もありません」

と宣言して欲しいくらいです。その宣言を、私たち全員がしっかり受け止め、あとはどの情報を選ぶのか自分で決める、選ぶ技術も身につける。それが情報リテラシーです。

政治家の発言をどう伝えるか、各社バラバラでOK。なぜこのメディアはあのタレントの不祥事を報道しないのか、大丈夫です、ちゃんと気づいています。東日本大震災後の節電ムードの際、テレビは節電に関する様々な工夫を伝えましたが、「じつはテレビって、家電の中でも、かなり電気を消費する機器なんですよ」と伝えたテレビ局はなかった。わかります、テレビを消さないで欲しい、伝えたくないことがあって当然です。

マスメディアにはもう自由を宣言して欲しい。「本当」や「真実」という、存在しない幻のゴールから解放されて欲しい。「政治的に公平であること」を定めた放送法も改正した方が良いでしょう。政治的な公正さなんて、政権が変われば基準も変わる、そんな程度のもの、どうせ誰も公正なジャッジなんてできません。私たち全員が情報リテラシーを身につけ、マスメディアの自由宣言を受け入れられるようにする。まず行動すべきは私たちです。そうすれば、私たちは今よりもっと質の高い情報社会を目指せるのです。

†なぜ情報リテラシーが必要なのか

「今の子供たちは、分からないことや知りたい情報の答えが、ネット経由ですぐに手に入る。羨ましいね」。私と同級生の会話です。子供時代が「昭和」だった私たちにとって、あの当時分からなかったこと、知りたかった情報は、必ずしも「頑張って調べれば手に入るもの」ではありませんでした。無論、ネットなんてありませんでしたから、どんなに頑張って図書館をハシゴしても、手に入らない情報は沢山あったし、それどころか「調べたってどうせわからないだろう」と、最初から諦めるケースの方が多かったのです。

「欲しい情報が簡単に手に入る」ことを批判する不思議な方もいますが、どんな情報だって、知りたい気持ちがあるなら答えが手に入った方が良いでしょう。たいていの情報や答えが手に入る現代、諦めずに済む今の時代が悪いとは思えません。誰もが平等に情報を扱える、自分の足で前に進むことができる、素晴らしい時代だと思っています。だから今の子供たちは羨ましい、と思っていたのですが……最近になって、じつはそうでもないことに気がつきました。

少し前のページで「若い世代から相談をいただく」と書きましたが、彼らは様々なこと、進路、深刻ないじめ相談から、素朴で可愛らしい疑問まで、本当に色々と質問してくれます。毎回頑張って回答しますが、それらの中には「ネットで検索すればすぐに答えが見つかるよ」という質問も結構多いのです。相談はたいていネット経由ですから、ネットを自由に扱える環境があるのに活用しない、なぜか……ずっと不思議に思っていました。

でも考えてみれば、彼らの周りに情報の探し方をちゃんと教えられる大人があまりいないのです。実際、学校の先生や親世代で「ネットが得意です」という方にお会いすることは滅多にありません。周りの大人が手本を示せなければ、子供たちの検索能力が上達しないのも当然でしょう。そのことに気がついてからは、ネットで答えを見つけられる質問には、回答そのものではなく「検索ワード」や「その情報の見つけ方」を伝えるよう、回答の仕方を工夫するようになりました。

　またこんな出来事もありました。国立大学の教育学部で学生向けに授業をした時のことです。大学生ですからいつも質問をしてくる子供たちよりちょっと大人、頭も決して悪くない。そんな彼らが「ネットで情報を手に入れる方法が分からない」というのです。
　●●について調べたいのなら△△という検索ワードで見つかるよ。こんな風に説明したところ、そうではないと言われました。

「表示された検索結果から、どれを選べば良いのか分からない」


　思わず頭を抱えてしまいました。つまり「あなたが欲しがっている情報はコレですよ」という最終的な答え、正解を「一つだけ」手渡してほしい、自分で選んだものだと不安だから、誰かに決めて欲しいと言うのです。情報リテラシーの全否定。しかも将来、教員を目指す学生たちです。今後ますます加速する高度な情報化社会を、この若い世代たちは生きていけるのだろうか、かなりの衝撃を受けました。

　もちろん全ての若者がこうだとは思いません。まるでピアノを奏でるかのように、スラスラと情報を手に入れる中高生だっています。ですが震災デマに騙されるのは意外にも若い世代なのです。大人が手本を示せていない証拠でしょう。

情報は誰かの思いと手アカがついたもの。どんな時代になっても、これだけは絶対に変わりません。それを理解したうえで、どの情報を選ぶのか、どれを信用するか自分で決める、そのためのセンスを磨く、これが情報リテラシーです。まずは大人たちがこの手本を示さなければなりません。

第一部のまとめ

・全ての情報には、発信者の「個性・思い込み・偏り」が含まれうる。よって全ての情報は「本当」も「真実」もないただの情報である。

・情報には必ず、発信者の「動機・目的・メリット」があり、その情報が自らに不利益をもたらす場合は隠蔽される。

・これら情報の特性に、個人やマスメディアといった違いは存在しない。

・その情報で誰が得をし、誰が損をするのかを検証すると、その情報の「発信源」「目的」「発信者の立ち位置」が見えてくる。

・情報には様々な「トリック」や「錯誤」が存在する。また人は無意識の内に情報の選り好み、スクリーニング（ふるい分け）を行っている。

第二部

戦う情報リテラシー

第二部でお伝えすること

第一部では、情報の本質や隠れた技法、その見分け方をお伝えしました。この第二部では、情報を「発信」という観点から考えてみましょう。なぜ情報発信が重要になるのか、また情報を効果的に発信し、思い通りにネットの反応を操るためには、どんなテクニックが必要なのか。攻・守揃った、バランスの良い情報リテラシーを手に入れるための後半戦、スタートです。

第六章

沈黙は金じゃない

†「炎上」は誰の仕業か

ネットに問題となるようなコメント・動画・写真を投稿した結果、大勢の人間から注目され袋叩きに遭う。これがインターネットの「炎上」です。ひとたび炎上を起こせば誹謗中傷はもちろん、個人情報を暴露されたり人格を否定されたりと、当人のダメージは計り知れません。

講演などでこのネット炎上について話すと、みなさん「怖い……」という反応、得体のしれない恐ろしいモノに対する恐怖心を持たれるようです。まあ当然ですよね。私だって炎上なんて起こしたくありません。でもこの恐怖心は、炎上の正体を適切に理解することで、スッと消える……とまでは言いませんが、少し和らげることができます。ポイントは「騒いでいるのは誰か」です。

「炎上で騒いでいる人？　そんなの世の中全体だろう」。いえいえ、違うのです。「フェイクニュースの話から、なぜいきなり炎上の話題になるのだ」。そうですよね。でもじつはこの話、受け身ではない「攻めの情報リテラシー」を理解するうえで非常に重要です。

ちょっと思い出してみてください。過去にネットで炎上騒ぎが起きた時、その炎上に対して本気で憤っていた人、皆さんの周りにいましたか？　「よし、不買運動だ！」とか「所属事務所にクレームのメールを送ったよ」なんていうヒマな人、まずいなかったでしょう。確かに話題には上がったと思います。でもそれは「アホだよねぇ」という単なる感想、自分に無関係な「バカ騒ぎ」に対するコメント、そんな温度感だったはずです。本気で怒っている人になんてめったに出会えません。大部分の人にとっては、どうでもいいバカ騒ぎ、これが炎上です。

ではその大部分の人たちが、自分の貴重な時間を使って「こんなくだらない炎上、私はどうでも良いと考えているよ」なんていうコメント、わざわざネットに投稿するでしょうか。もちろんしません。皆そこまでヒマじゃない。

ネットで炎上が起きて、それを非難する「許さない！」というコメントが数千、数万と投稿されても、その背後にはさらにその数十倍もの見えない人たち、「どうでもいい」と感じている人たちがいるのです。ですが……困ったことにネットの世界は「発言しない人」＝ゼロカウント、「存在せず」と同じです。だって見えませんから。怒っている人たちは可視化されるのに、そうではない人たちは見えない。これがネット炎上。だからあたかも、世の中全体が怒っているかのように見えてしまうのです。炎上における非難、攻撃は決して世論の総意ではありません。

声なき声は「いない人」

お伝えしたいのは炎上の話ではなくネットの特性。ネットでは、発言しない人＝ネット上の声のでかい人たちに同意したと見なされてしまう場合がある、ということ。

もちろん普段はそんなこと気にする必要ありません。また「ネットでは積極的に発言すべき」なんて言いたいワケでもありません。それこそ個人の自由です。ですがもし、自身がフェイクニュースに直面し、しかもそれが自分・家族・友人・あるいは関わっている組織に害を及ぼすような内容なら、場合によってはそれをしっかりと否定する「情報発信」が必要だということ。好むと好まざるとにかかわらず、反論する情報発信をしなければ「それを認めた」ことになってしまう場合があるということ。なにしろネットで黙っている人は「いない人」と同じですから。声なき声は存在しない、ネットにおいては、時に「沈黙は金」ではありません。

昔はよほどのことがなければ、職場のいい加減なウワサが町中に広がることはなかったし、またひとつのデマが全国に広がるまでに、数日から数か月の時間を要したので、まだ腰を据えて対応する余裕がありました。でも現代はネット社会。しかも情報の担い手は、マスメディアのみならず老若男女「誰でも」です。つまり無責任な情報、フェイクニュースになり得るような不確かな情報が、昔よりもお気軽に、ガンガン飛び交っている状況なのです。しかもそれらが拡散するスピードはケタ違い、あっという間に地球の裏側にまで届いてしまいます。

そんな状況に対抗するためには、相手と同じくらい強い武器、素早い道具が必要です。ネットにはネットで対抗、フェイクニュースと戦う必要に迫られたら、しっかり素早く、ネットで情報を発信しましょう。こんな風に……。

†政界のSNSマスター

フェイクニュースに情報発信で対抗、と言えばすぐに思い浮かぶ人物がいます。衆議院議員の河野太郎氏。じつは河野氏、ネットやSNSにかなり精通しており、所属党内の議員・秘書の集まりでは「SNS活用」をテーマにした講演講師を務めることもあります。ツイッターやブログでも頻繁に情報発信を行っており、外務大臣就任後もその勢いは衰えていません。そんな河野氏、フェイクニュースの「火消し」テクニックでも有名なのです。例えばこんなエピソードがあります。

二〇一八年九月、カナダのモントリオールで「カナダ・EU共催女性外相会合」という会議が開かれました。各国の女性外相による会合なのですが、なぜかそこに一人だけ男性の参加者、河野氏の姿がありました。集合写真でも女性たちの招きで中央に収まり、構図の珍しさもあって写真つきで報道されたのですが、さっそくこの写真に嚙みつく人たちが現れたのです。

「女性外相が集まる会議に男性を参加させるなんて、政府はバカなのか」
「日本政府は男女格差を容認する、というメッセージですね」

確かに添えられた写真だけ見れば「まあ、そうかな」と感じても不思議ではない光景です。ツイッターに投稿されたこれらのコメントは、結構な勢いで拡散していきました。そして、これに気がついた河野氏が、すぐさまツイッターで反撃します。

女性外相が集まって男女格差の話をするだけの会議ではない。国際情勢についての意見交換のため、G7外相が男女問わず招待され、たまたま男性で参加したのが私だけだった。『わざわざ男を送り出した』のではなく招待されたのであり、北朝鮮やミャンマーの問題に関して、日本の立場を説明し、意見交換もできた。フェイクニュースに気をつけよう。

最後の一言が全てを物語っていますね。批判は単なる事実誤認、河野氏を批判した人たちの勘違いだったのです。ご本人からの指摘を受けて「知っていたけど皮肉だった」とい

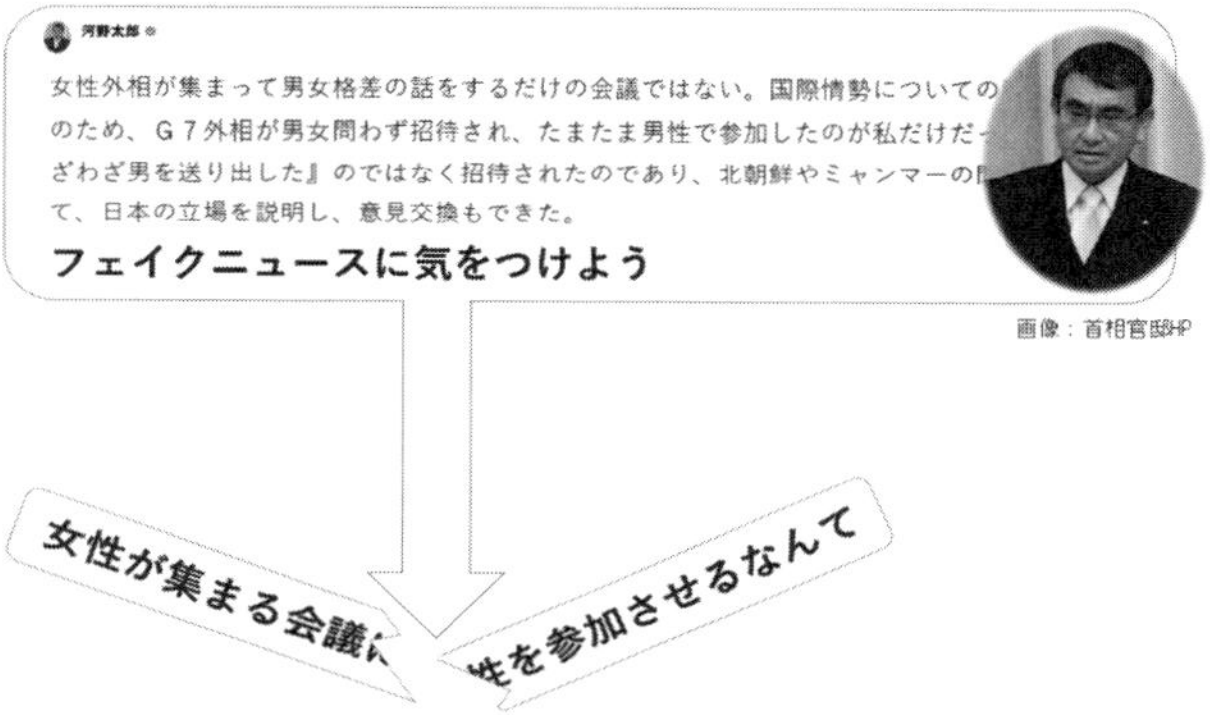

画像：首相官邸HP

う謎の言い訳をする人や、逆上して非を認めない人など反応はそれぞれ。残念ながら、河野氏をブロック（自分の投稿を、特定の相手からは見えないようにする設定）したうえで、「やっぱり河野氏は間違っている。なぜなら〜」とひたすら批判を続けた人もいたのですが……河野氏はそれも見逃しませんでした。

†あなた、私が見えるの？

河野氏は相手からブロックされた側ですから、本来はその「やっぱり河野氏は間違っている」という投稿を見ることはできません。にもかかわらず、その投稿は河野氏によって発見され、画像で保存され、河野氏のＳＮＳに「フェイクニュースです」という注意喚起と共に、その画像が投稿されました。ブロックした側はさぞかしビックリしたでしょうね。何しろ「河野氏には見られないはず」と安心して投稿したものを、本人から否定されたのですから。

これは河野氏とそのスタッフが、ネットやSNSをよく理解していることを意味しています。誤りを指摘したらブロックされた、つまりその後も継続してフェイクニュースを投稿、拡散される恐れがあるということ。ブロックされた場合に備えて別のSNSアカウントを用意して、相手の投稿を注視していたのです。

また相手の投稿を「画像で保存」していた点も重要です。SNS上でブロックされると相手の投稿を引用できなくなるので、画像で保存する必要があるのですが、同時に「相手がその投稿を削除して言い逃れをする」というリスクにも対応できます。

この「相手の投稿を画像保存してから反論する」という手法は、SNS論客の中でもかなりの上級者が駆使するテクニックです。また、そもそも自身に関するフェイクニュースを早い段階で見つけ出している点からも、河野氏がSNSに相当慣れ親しんでいることがうかがえます。河野太郎、恐るべし。

驚いたことに、この騒動では著名なジャーナリストもフェイクニュース拡散に加担していました。悪意はなかったようですが、情報のプロであるべき人間でさえ「情報の選り好み」から逃れられない、非常に分かりやすい例だったと思います。河野氏本人が明確に否定したことで、このフェイクニュースは早い段階で打ち消されました。またこの騒動自体が大きく注目されたことで、河野氏の危機管理能力の高さを知らしめる結果にもつながりました。やはり情報の発信、フェイクニュースの否定は重要なことなのです。

「沈黙することで何が起きるか」という受け身の予測よりも、「情報発信したら何が起きるのか」という積極的な予測の方が、具体的なリスクを想定しやすいのです。情報発信＝積極的な当事者になる、ということですから、状況のコントロールも容易になります。渦中に飛び込むのは大変ですが、リスクヘッジという観点から見ても、情報発信は重視すべきでしょう。

✝笑いの効能

情報発信と言えば、河野氏は自身に批判的なＳＮＳユーザーにも積極的に関わっていくことで有名です。例えば「いま河野太郎とすれ違った。相変わらず呑気なもんだ」みたいな投稿を見つけたら、「すみません、考え事をしていたので気がつきませんでした」というような感じで、いきなりそのアカウントにコメントをつけます。コメントされた側はビックリでしょう。河野氏は、相手を問わず「和ませたら勝ち」という考え方を持っており、コメントされた人、そのやりとりを見ている人たちを和ませることで、前向きな空気をつくる狙いがあるようです。じつはこれと全く同じことを、元格闘家で、現在は多方面で活躍されている須藤元気氏が実践しています。

須藤氏によれば「人は、自分を笑わせた人間を嫌いになれなくなる。だから笑ってもらうことは非常に重要なのです」とのこと。確かにそうかもしれません。想像してみてください。ちょっと不謹慎なたとえですが……もしあなたが乗っている電車内に「携帯を使って大声で通話している若者」がいたとしたらどうでしょう。マナー違反も甚だしい。当然イラっとするし、不快に思いますよね。ですがもし、その若者が発したひと言で思わず笑ってしまったら……。例えば、

「えっ！　マジ？　ほんとに？　えっ、マジで俺んち燃えてんの？」

本当に申し訳ないですが想定外過ぎて思わず笑ってしまいます（ごめんなさい、あくまでたとえ話です）。ですがさっきまであれほど不快でイライラの対象だった若者が、もうそこまで憎めない存在に変わる、これが笑いの効果。

これは極端な例ですが、つまりこの「笑いの効果」を前向き、積極的に活用し、相手を和ませて味方を増やす。これが河野氏のネット戦略です。日常生活でもこれは相当レベルの高いコミュニケーション技法であり、それをあえてネットで実践するなんて、かなりのスキルが必要でしょう。未だに「ネットは苦手」という議員も多い中で、河野氏がいかにネットを積極活用しているか、よく分かるエピソードなのです。

†次の質問をどうぞ

そんな河野氏が自身の情報発信で物議を醸したことがあります。二〇一八年一二月、外務大臣としての記者会見で連発された「次の質問をどうぞ」。

記者がロシアとの条約交渉について質問したところ、それには答えず「次の質問をどうぞ」と返答したエピソード。記者が「なぜ『次の質問をどうぞ』と言うのか」と食い下がっても、やはり「次の質問をどうぞ」。当時は、河野氏がなぜそんな荒いコミュニケーションを取ったのか不思議だったのですが、じつはこんな背景があったのです。

外国との交渉・折衝は、基本的に駆け引きの連続。交渉相手に対し、落としどころや交渉のゴールといった「手の内」を見せるおバカさんはいません。ですから河野氏も、日頃から「日ロ交渉については交渉の場以外では情報を出せない。だから聞かれても答えられませんよ」と記者たちに繰り返し伝えていました。

だからと言って記者たちも何も聞かないワケにはいかない。「答えられません」という発言も貴重な「情報」ですから、あえてそれを引き出そうと質問したのでしょう。すると「次の質問をどうぞ」が飛び出したのです。

恐らく「(俺、答えられないって何度も何度も言ったよね……)」という苛立ちもあったのだと思いますが、とにかく「答えられません」よりはるかに強烈なコメント、メディアにとってはかなり美味しいニュースネタです。「なぜ『次の質問をどうぞ』と言うのか」と食い下がった記者も含めて、じつはあの会見の場にいた全員が「なぜ」の理由を知っていました。でもわざと聞いたのです。だって食い下がった方がより面白いニュース、面白い「絵」になりますからね。

その日のニュースでは「次の質問をどうぞ」という部分だけが繰り返し報道されました。もちろん「私たちメディアは、日頃から『その件は聞かれても答えません』と念押しされていましたが……」という情報は丸ごとカットです。それを言ってしまうとニュースの面白さが半減してしまうから。より注目を集める、ということがミッションの一つである以上、報道がアレンジされるのは、まあ仕方のないことです。注目を集められるネタ、伝えるメリットが最大化されるよう、情報や伝え方に「味つけ」がされるのです。発言があったのは事実ですから。

そんなマスコミの情報アレンジに「おかしい」と憤りを感じる方は、是非もう一度、この本の第一部を読み返してください。第一部でも度々お伝えした通り、情報の性質から考えればマスコミを責めるのは筋違いです。好き嫌いは全く別として、それが情報の正体、そういうものなのです。情報の受け手である私たちはちゃんとそれを理解し、それを前提に情報と向き合い、情報モラルを高める必要があります。

後日、河野氏本人が、自身のブログでこの件について「説明が不十分だった」と謝罪のうえ、発言の背景・経緯を伝えています。ですが、それを伝えるニュース報道はやはり

「ブログで謝罪」とだけ伝えていました。河野氏のブログには、今でもこの件の詳細が記載されていますから、あの発言に至った経緯を誰でも確認できます。やはり情報発信は大切なのです。

†この火消しがすごい

情報発信が重要になるのは、フェイクニュースの矢面に立たされた時、だけではありません。積極的な情報発信が、自らのピンチを救うこともあります。

マンガ業界で、晩年も精力的に活動されていた小池一夫氏。いわゆる「大御所」マンガ原作者さんです。二〇一九年、惜しくも亡くなられましたが、亡くなる直前まで、ツイッターでも頻繁に情報発信をされていました。投稿される情報は含蓄に富みながらも発想は柔軟、フォロワーも八五万人を超える人気アカウントだったのですが、ある時こんなツイートが投稿されました。

> 食費にお金を若者はかけられないというが、それは、言い訳。今日のお昼ご飯、鱧のおすましだったけど、家人に聞いたら、実質何百円だって。骨切りした鱧も旬だから

安いし、他の材料も残りものだしって。やればできる。やらないだけ。

奥様が手作りされたという美味しそうな「すまし汁」の画像が添えられたこのツイートは、瞬く間に拡散、すぐに炎上しました。ネット上に「食費の足りない若者なら、自炊のすまし汁に『数百円』もかけないのは当然」とか「やればできると言いながら、やっているのは奥様でしょう」といった反発コメントが溢れたのです。

いわゆる「年配者の言動に若者が嚙みつく」よくある炎上パターンで、たいていは、ご本人が応戦して泥仕合に発展、ネットニュースやワイドショーで面白おかしく取り上げられてしまうのですが……小池氏は違いました。炎上後、次の投稿で状況がひっくり返ります。小池氏は次のようにツイートしたのです。

昨日のツイート、反省してます。若者と接することは多くても、若者と暮らしていないので、今の若者の現状が頭では分かっていても、肌の感覚では分かっていなかったんだなあとリプを読んで思いました。自分も同じような若者だったはずなのにね。年長者として、もっと、広く深い目でツイートすべきでした。

リプを下さった方、ありがとうございます。まだ、年寄りの僕でも、このツイッターというツールで成長出来ることがありがたいです。

じつはこの二つの投稿には「ネット炎上時に取るべきアクション」の全てが投入されていました。最初にこの投稿を見た時「まるで炎上対応の教科書みたいだな」と驚いた程です。

ごくまれに、ネットで炎上している当事者さんから、「どうしたら良いか」と助けを求められることがありますが、その人が個人だろうが企業だろうが、私は次のような情報発信をご提案しています。

①炎上させたことに対する「謝罪」
②謝罪する「理由」
③指摘に対する「感謝」

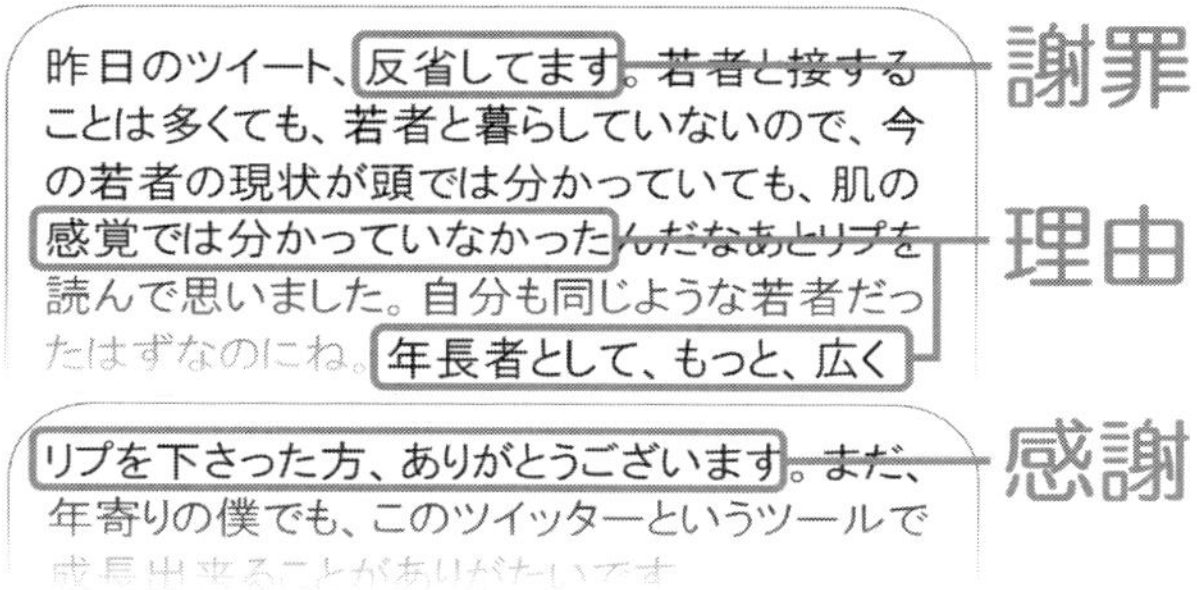
昨日のツイート、反省しててます。若者と接することは多くても、若者と暮らしていないので、今の若者の現状が頭では分かっていても、肌の感覚では分かっていなかったんだなあとリプを読んで思いました。自分も同じような若者だったはずなのにね。年長者として、もっと、広く
リプを下さった方、ありがとうございます。また、年寄りの僕でも、このツイッターというツールで成長出来ることがありがたいです
謝罪
理由
感謝

炎上を引き起こしてしまったら、この「謝罪」「理由」「感謝」を可能な限り迅速に行う、これが初動の鉄則です。状況を見て、②を「炎上で自分が失ったモノや科されたペナルティの開示」に変えることもありますが（その方が鎮火しやすいケースもある）、とにかくこの小池氏の投稿は、基本の三点をバッチリ押さえた完璧な内容だったのです。泣く子も黙る大ベテランから、こんなにスマートで謙虚な謝罪をされてしまったら、どんな炎上も一瞬で鎮火するでしょう。ネット上はこのコメントに対する賞賛であふれ返り、結果的にご本人に対する評価も向上しました。

炎上は消すな

若いタレントさんや著名人にありがちなのですが、

自分の失敗を素直に謝れず「アカウントが乗っ取られた」という苦しい言い訳をしてしまう方がいます。じつはこれ、一番言ってはいけないＮＧワード。芸能事務所やマネージャーの判断で「今回は『乗っ取られた』ことにしよう」とするケースもありますが、誰も信じないし、「反省していない宣言」のようなもの。絶対に避けるべき悪手なのです。また意外に思われるかもしれませんが、炎上の原因となった投稿を消してはいけません。よく「一刻も早く削除を」なんて言っている自称専門家がいますが、その人は何も分かっていない。そんな人の言うことを聞いていたら酷い目に遭うでしょう。

慌てて消したくなる気持ちも分かりますが、炎上投稿は「消さない」、これが基本です。これは「消すと何が起きるのか」を考えると非常に分かりやすいのですが、じつは本人が慌て始めた頃には、すでに多くの人たちがその投稿に気づいています。

「酷い投稿だ……でもまだ騒ぎになっていないのか。なら、今後本人が削除するかもしれない。念のため、保存しておこう」

ネットの投稿内容なんて、画像やデータで簡単に保存できます。つまり証拠がバッチリ押さえられた状況なのです。そんな状況で投稿を削除、アカウントを消して逃げ出そうものなら、ほぼ間違いなく事態は悪化するでしょう。炎上投稿（オリジナル）が消されれば、保存されたコピーに付加価値が生まれ、拡散が加速します。また消すことで、人々の「逃がさない」という気持ちにも火をつけ心証も悪化します。つまり「削除」イコール自爆スイッチなのです。交通事故で現場から逃走したり、事故車を処分したりするのと一緒です。

そして「消してはいけない」の最大の理由は、小池氏の例でお伝えした「炎上時に取るべき三つの対応、謝罪・理由・感謝」、これらを投稿する場所がなくなってしまうからです。オリジナルが消えれば、人々の注目は「コピー」に集中します。オリジナル投稿が消されたアカウントなんて見向きもされません。そうなったらもう、どんな真摯な情報発信をしても意味がなくなってしまうのです。だからアカウント削除はもちろん、炎上した投稿だけを削除するのもNG。消す＝トラブル対応の主導権を失うことだと思ってください。

†きよきよしい

二〇一八年のサッカーワールドカップ・ロシア大会。惜しくもベスト8に届かなかった日本代表ですが、試合後、本田圭佑選手のインタビューが話題になりました。「清々《すがすが》しい」を「きよきよしい」と言ってしまった件。もちろん単なる読み間違いであり、何の問題もないのですが、日頃クールな本田選手とのギャップがあまりにも大きく、誰もがビックリしてしまったのです。果たしてこの後、本田選手はどう出るのか。固唾をのんで皆が見守るなか、ご本人がツイッターに投稿します。

お恥ずかしい。漢字が苦手で。でも、もうしっかり覚えました。

完璧です。もう危機管理のお手本みたいな情報発信でしょう。そもそもこれは炎上ではないので、謝るような話ではありません。でも情報発信によるリスク回避という視点でとらえると、学ぶべきポイントだらけなのです。

まず一つ目が「素早い対応」。トラブル時にズルズルと対応を引き延ばし、事態を悪化させるケースは多いですが、本田選手のツイッター投稿はインタビューの翌日でした。危機管理において素早さは何よりも重要です。

そして二つ目に「言い訳せず」。有名人だったり、社会的に立派な地位にいる方だったりすると、プライドが邪魔して訳の分からないことを言ってしまう人がいます。今回はそういったコメントが全くなく、シンプルに「漢字が苦手で」の一言だけ。これはなかなか真似のできない潔さです。

そして三つ目が「前向きな姿勢」。締めの一言が「もうしっかり覚えました」ですよ。ここまで簡潔に、しかも爽やかにまとめられたら、もう誰も何も言えません。たった一度の投稿で、以降「この件をうだうだ指摘し続ける人は、相当カッコ悪い」という状況を作り上げてしまいました。

素早く、言い訳せず、前向きな情報発信には、世間も味方してくれます。小池氏、本田選手それぞれに共通するのは「適切な情報発信でピンチをチャンスに変えた」ことでしょう。危機管理の成功例です。私はサッカーにあまり詳しくないのですが、この件で本田選手の人間性に魅力を感じてファンになりました。情報発信の重要性は、フェイクニュースだけに限らないのです。

第七章

任天堂の倒し方

†偽アカウント対処法

「フェイクニュースだ、情報発信だ、と言われても……それは政治家や有名人の話。日々普通に生活している一般人にはあまり関係ないのでは?」。こう思われるかもしれません。ですが、じつは意外にも普通に暮らしている人々、特に「一〇代の若者」にとって、フェイクニュースや炎上に情報発信で対抗することは、知っておくべき重要な知識です。

私は若者から様々な相談を受けますが、やはりネット関連の内容が圧倒的に多く、じつは結構な頻度で「SNSに自分の成りすましアカウント、自分のニセモノがいる。どうしたら良いか」というご相談をいただいています。

ツイッターなど、アカウントを簡単に作成できるSNSで、知らぬ間に自分の名前・写真が使われたアカウントを勝手に作られ、そのアカウントから友人への「暴言メッセージ」が送られる、ケンカを売りまくられる。また被害者が女子の場合は、わいせつな発言や児童ポルノ（画像加工で捏造されたニセモノ）をばらまかれて困っている、どうしたら良いか、私の元に寄せられる相談にはこういった事例が後を絶ちません。まさに地域限定のフェイクニュースと言えるでしょう。

もちろんこれらの成りすましは、内容次第で刑罰や損害賠償の対象になりうる行為です。にもかかわらず、こういった成りすまし行為が頻発している理由には、それが犯罪になりうるということを犯人が知らずにやっている、という背景があります。多くの場合、犯人は法律の知識を持たない未成年、身近な知人です。

†犯人は見ている

成りすまし被害への対応方法は、発生している実害の状況によって、その内容が変わってきます。自宅の住所、電話番号を拡散されたり、本人の身に危険が及んだりする可能性があれば、迷わず警察や弁護士への相談を勧めます（実際にそれらをサポートしたこともあります）。ですが、ほとんどの場合「そこまで」の酷い状況ではありません。だからこそ逆に親にも相談できず、一人で抱え込んでしまうのです。幸いにも抱え込まずに相談してくれた場合は、次のような対処方法をアドバイスしています。

先にも書いた通り、これら成りすまし行為の犯人はほぼ一〇〇％未成年、身近な人間です。その犯人には「被害者が困っている様子を確認したい」という心理があるので、被害者本人のＳＮＳ（本人の本物アカウント）は、犯人にとって気になる場所です。多くの場合、犯人は被害者のＳＮＳアカウントをマメに覗きに来ています。それを逆手に取り、被害者の側から「情報戦」を仕掛けるのです。

ツイッターには特定のメッセージを常に最上位に表示する「ツイートの固定」という機能があります。そのアカウントで一番目立つ場所に、固定でメッセージを表示できるので、そこに次のようなコメントを投稿してもらいます。

●●というアカウントはニセモノです。発言や行為は全て無視してください。現在、

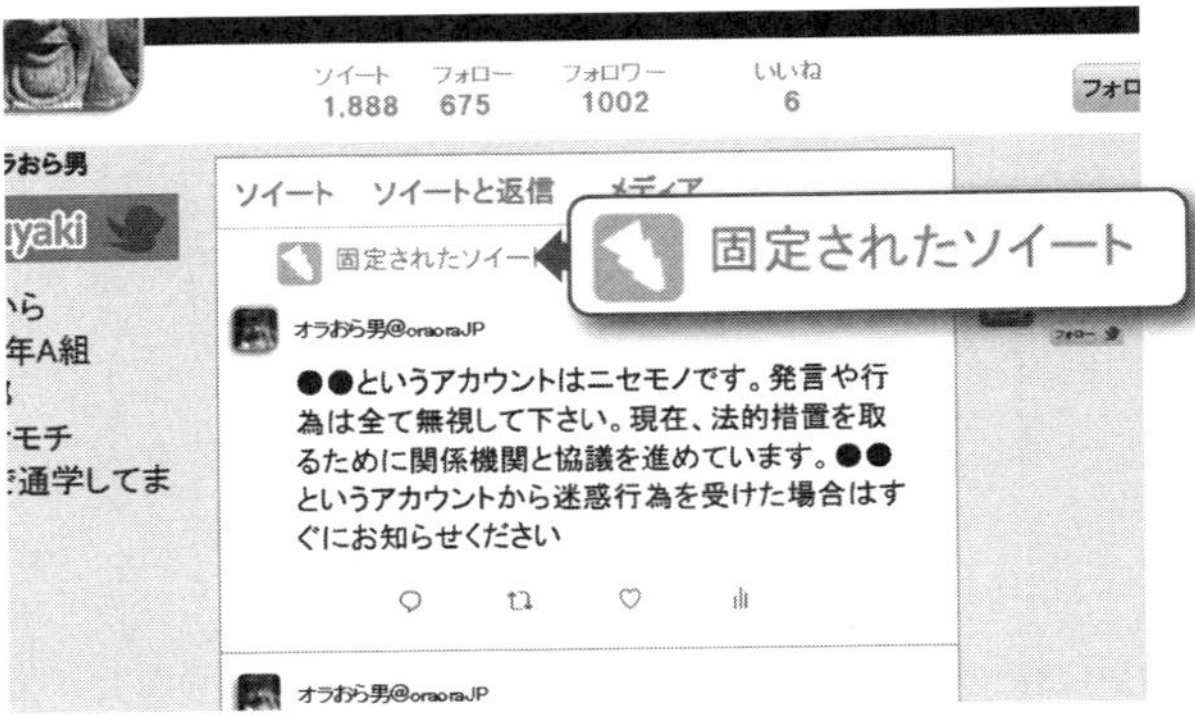

> 法的措置を取るために関係機関と協議を進めています。●●というアカウントから迷惑行為を受けた場合はすぐにお知らせください

できれば「どういった行為」の「どの部分」が法的措置の対象となりうるのか、といった具体的な詳細まで記載すると、より効果的です。たいていの犯人はすぐに（恐らく大慌てで）成りすましアカウントを削除します。やはり見られているのです。

もしこれにも動じず嫌がらせが継続し、許容できない実害が発生しているようであれば、その時はお望み通り法的な対処を検討しても良いでしょう。ハッタリではありません。単に法的な手続きは面倒で、時間も手間も費用も掛かるから勧めていないだけです（相手は未成年ですし、ほとんどの場合、その必要もなく収束しますから）。

フェイスブックなど、メッセージを上部に固定表示する機能がないSNSの場合は、トップの画像を「メッセージ入り」のものに変更することで同じような効果が得られます。

†ツイッターは頼れない

わざわざそんな面倒なことをしなくても、SNSの運営会社に通報すれば良いのでは、と思われるかもしれませんが、通報したからと言って、必ずしも成りすましアカウントが削除される訳ではありません。また削除されるまで相当の時間を要する場合もあります。さらには、通報で成りすましアカウントが削除されたとしても、犯人がまた同じような偽アカウントを作ったら「いたちごっこ」が続くことになります。見えない敵との終わりのない消耗戦、それこそ相手の思うツボです。

これは決して「通報しないで」と言っているのではありません。お伝えしたいのは、血眼になって成りすましアカウントをひたすら探し続ける、通報し続ける必要はないということ。過度に期待せず「一応通報しておくか。もし削除されたらラッキーだし」くらいの気持ちでちょうどよいのです。

また成りすましの通報に対して、ＳＮＳの運営会社がそこまで頼れる存在かと言えば、残念ながらそうでもありません。フェイスブックは成りすましに比較的厳しく、対応や削除も迅速だったりしますが、例えばツイッターは、成りすましを「場合によっては許容されるもの」と考えており、その判断基準も明確ではありません。実際ツイッターのサポートセンターが削除に応じないケースは多く、その手続きも煩雑で、あまり頼りにならないことだけは確かなのです。

＊このツイッター社のサポート・パトロール体制に関する記述は、二〇一九年夏頃における著者個人の感想です。ツイッター側も監視体制を整えるなど、少しずつ改善しているようですが、例えば「魚をさばくなら包丁を直角に入れると良いよ」という投稿に対して、「自傷行為を助長している」という理由でユーザーにペナルティを与えるなど、相当トンチンカンな対応も見られます。ネットの世界は日々変化するものですから、今後、ツイッターの運営状況が大きく改善する可能性もあります。もちろん、利用者としてもそれを強く望んでいます。

なお通報する・しない、削除された・されなかったにかかわらず、被害者が成りすまし被害をしっかりと公表し、自分に非がないことを伝え、堂々と振る舞うことはとても重要です。仮に削除されても「成りすましのニセモノだから削除された」という情報はどこにも残らないからです。削除後にワケの分からない誤解、誤った情報を独り歩きさせないためにも、被害の事実は伝えた方が良いでしょう。

自分のＳＮＳに「友達限定」で公開した投稿が、成りすましアカウントにどんどん投稿されていった事例もありました。残念ながら、表向き仲の良い友人が成りすまし犯というケースは珍しくないのです。自信をもって振る舞うことは、「誰が正しいと思う？　フェイクはどっちだ？」という周囲への堂々とした問いかけであり、これは陰でコソコソと悪さをしている人間には、絶対に真似のできない行為です。周りの友人や犯人に対して、顔を上げ自信を持ってその姿を見せるべきでしょう。これは被害に遭った子供たちに必ず伝えています。

卑劣な成りすましごときに本人が屈してはなりません。地域限定のフェイクニュースでも、それに対抗しうる情報発信はやはり重要です。

†採用フェイクを見破れ

会社員の仕事で一番難しいモノと言えば……私は採用面接、特に「中途採用」だと思っています。これが一番難しい。短時間で人物という「情報」を見極める、こんなにハードルの高い作業はないでしょう。「中途採用なら任せろ、オレは絶対に失敗しないよ」なんて言える方がいたら、飛んで行って話を聞きたいくらいです。

中途採用が難しい理由は、それが「フェイク」との戦いだからです。なぜ転職するのか、どうして我が社に応募してくれたのか。その質問に対する答えは予め用意された模範回答、さほど意味を持たない情報です。転職経験のある方ならお分かりだと思いますが、ご自身が面接に臨む時、すべてを洗いざらい話す、どんな質問にも正直に答える、なんて人はいませんよね。自分にとってデメリットとなる情報は隠蔽される、第一部でお伝えした情報の本質です。

本来、人間を「見極める」だけでも大変なのに、そこに紛れ込むフェイクまで見極めなければならない。しかも相手は数年間（あるいはもっと長い年数）社会を生き抜き、転職しようと決意された社会人。ご自身を良く見せる技術もお持ちでしょう。中途採用の面接が難しいのは、至極当然なのです。

だからと言って諦める訳にはいきません。じつは面接という短い時間の中でも、ほんのちょっとの質問で相手のフェイクを焼き払い、その人を見極める方法があります。私の面接はいつもこんな会話からスタートします。

「面接の前に……弊社を選んでくださった理由や、転職のきっかけなど、何をどう伝えようか、今日はあらかじめご準備されているかと思うのですが、すみません、それはいったん忘れていただいて」

この時点で、面接に来られた方は「(この人、いったい何を言い出すのだろう)」とキョトンとされます。

「この度○○さんが転職しようと思い立ち、転職サイトに登録した日があったと思います。その日がいつで、その日に何があったのか教えていただけますか?」

じつはこの質問に対する答えで、面接官が本当に知りたい情報、フェイクではない「本音の情報」を、かなり聞き出すことができます。

†その日に何が

会社員が転職したいと思った時、最初のアクションはほぼ間違いなく「転職サイトへの登録」です。この日が転職活動の初日と言っても良いでしょう。「転職したいなあ」と思っているうちは意外にやらないもの。サイトへの登録は転職の決意表明とも言えます。そして、その登録の直前に何が起きたのか、これが分かると本音の転職理由が自然と見えてくるのです。

例えば、書類上は「キャリアの幅を広げたい」という転職理由だった方。聞けば、転職サイトに登録したのは職場の昇給発表の日で、ご本人がかなり頑張って達成したプロジェクトを、上司が全く評価してくれなかったとのこと。ガックリきて、その日のうちにサイトに登録されたそうです。また「専門性を高めたい」という理由を書かれていた方は、社内の異動が発表された直後にサイト登録。ウマが合わない上役がいるチームへの異動が決まり、その人との過去の軋轢を思い出し……「これは無理だ」とすぐにサイトに登録したそうです。中には「え、その理由で転職しちゃうの？」という方もいて、とにかくもう、履歴書とは全く異なる、かなりリアルな「本音」を聞くことができます。

本音の転職理由からは、その人の価値観や判断力、転職で何を重視するかといった大切な情報を推察できるし、またもし「転職を決めた日」が一年も前であれば「転職活動にずいぶん時間がかかっているな、理由は何だろう」といった疑問にもつながるのです。

そもそも「転職サイトに登録した日はいつ？」なんていう質問は想定外ですから、たいていは不意を突かれて本音を話してもらえます。同時に、想定外の質問をされた際のリアクションも見ることができるのです。もしニヤリと笑って「面白いご質問ですね」なんて言われたら、この人なかなかの強心臓だなって思いますよね。

この想定外の質問に対し、もし相手の方が焦って固まってしまったら……その時はこちらから「情報発信」をしてリラックスしてもらいます。「じつは私、今の会社は五社目で、以前の会社は役員とケンカして飛び出したんですよ」とか、「過去には一年も経たずに転職してしまったこともあるんです」とか。とにかく相手に「（じゃあ自分も本音を話して大丈夫かな）」と感じてもらえるような情報を伝えるのです。たいていはリラックスされ、

「その日」のお話を聞くことができます。

この、相手が困った時に「情報発信して助け舟を出す」は、本音を聞きたいのはもちろん、それ以上に「ストレスを感じたまま帰って欲しくない」という意図があります。相手はあくまで社外のお客様であり、最終的な面接結果がどうであろうと、リラックスした気持ちで帰っていただきたいのです。

この話をすると「不意打ちで本音を聞き出すなんてズルい」と言われる方もいるのですが、とんでもない。入社してから「思っていた環境と違った」となってしまうことの方がよほど問題です。転職にはその人の人生がかかっているのです。フェイクを乗り越え、お互いが本音で話し合える、納得できる面接になるのなら、決して悪いものではないと思います。

†任天堂の倒し方

中途採用の面接と言えば……「任天堂の倒し方」です。本書の冒頭でも少し触れましたが、始まりは二〇一二年末、あるメディアに掲載された記事でした。

任天堂が新しいゲーム機を発売したが、ソーシャルゲーム業界は、売上高から見て自分たちが任天堂より優勢だと思いたいらしい。最近面白い話を聞いた。ある人が転職の面接でグリーを訪れた際、担当したグリー社員から任天堂をさげすむように「任天堂の倒し方を知っていますか？　私たちは知っていますよ」と言われたそうだ。結果的にその人はグリーに入社しなかった。彼の知人は「任天堂の強みが理解できない企業の将来に不安を感じたのでは？」と語っていた。

要約するとだいたいこんな内容。当時この記事を見た私の驚きは「えっ、ウチの社内にこんなバカがいるのか」ではなく、

「……なんで任天堂？」

どう考えても当時のライバルは「横浜で野球も頑張るD社」であり、「任天堂を〜」なんていう素っ頓狂な発想は、社内のどこにもなかったのです。当時もし社内でそんなことを口にしたら「なぜ事業領域が異なる会社の話をするのか」とバカにされて終わりだった

でしょう。それぐらい意味の分からない記事でした（実際、D社の友人も「なんで任天堂？」と爆笑していました）。

情報源は「最近面白い話を聞いた」だけ。記事自体も、唐突に出てきた「彼の知人」のセリフで終わるような構成だったので、「うーん、ライバルが任天堂という時点で相当アレだし、さすがに誰も信用しないかな」と、正直あまり気にしていませんでした。

またもう一つ、恐らく誰も信用しないだろうと思った理由は、記事内の「面接描写」に、あまりにもリアリティが感じられなかったからです。急成長しているベンチャーの中途採用面接が、いったいどれだけ慌ただしいものか……。そもそも現場は天地をひっくり返したような忙しさ、だから人を採用したい。中でも面接を担当するマネージャーは特に多忙な立場にあります。

そのマネージャーが仕事を中断し、たった三〇分程度の面接で、次の部長・役員面接に進んでもらうか決めなければなりません。先ほども書きましたが、中途採用の面接は本当に難しいのです。「任天堂の～」なんていうバカな自分語りをしている暇は、正直ありません。当時もそういう状況だったので「現場が分かる人なら、多分こんな記事には違和感しかないだろう」と、どこかで安心していたのでした。

結論から言うと、やはり情報発信してはっきり否定するべきでした。その後、この記事はネット上で面白おかしく拡散し、いつの間にかグリー社長の発言にすり替わり、今でも思い出したかのようなタイミングでネット掲示板に登場します。私がしつこく「情報発信が重要」と繰り返すのはこの経験からです。「任天堂の倒し方」騒動は、この本を書くきっかけの一つになった気がします。

第一部でもお伝えした通り、人は「面白ければいいや」と感じた瞬間、エビデンスを求める動作を止めてしまいます。情報源やエビデンスが示されていない記事でも「事実だったら面白いな」と感じる人々の手によって拡散していくのです。しっかりと否定しなければ、それを認めたと見みなされるのがネットの世界。世の中にどう受け取られようと「否定する」というアクションは必要でした。その一方で、ただ単に情報発信をしただけでは、世間に対して記事を打ち消す効果はほぼなかっただろうな、とも思っています。その理由は「任天堂」という企業が置かれた特別な環境にありました。

一般的に、企業から見た「顧客」という存在は、大きく三つに分かれます。①その企業のファン、②その企業が嫌い、③どちらでもない、の三属性。まああたり前ですよね。注目すべきはそのバランスです。

コンビニで考えてみましょう。例えば「自分はセブン-イレブンが大好き、遠回りしてでも絶対セブン-イレブンで買う」が、①「その企業のファン」です。「セブン-イレブンは大嫌い、遠回りしてでも避けて別の店で買う」が、②「その企業が嫌い」な人。恐らく皆さんの周囲に、①や②に該当する人はそう多くはないと思います。そこまでの強いこだわりを持たれる方には、なかなか出会えないものです。

そして、「同じ商品が買えるのなら、どのコンビニでも良いかな」が、③「どちらでもない」人。世の中の大多数の人たちが③です。

任天堂の神対応

企業の顧客だからと言って、必ずしもその企業のファンとは限りません。仮に多くのユーザーを獲得しても、それは単に顧客の人数であり、その企業のファンであるかは別の話。ビジネスを継続させ、企業として存在し続けるためには、その企業を愛する顧客、身内意識をもって接してくれるファンが重要になります。だからビジネスが軌道に乗った企業は、やがてファンの獲得を重視するようになるのです。

そして……長い時間をかけて大勢のファンを獲得し、世代を超えて愛されているのが任天堂です。任天堂はこれまで、ユーザーとどんな関係を築いてきたのか。「任天堂　神対応」といったキーワードでネット検索すると、こんなエピソードが見つかります。

> 子供の頃の話。故障したゲーム機を修理に出したら、本体を丸ごと交換しなければ直せないと言われた。そのゲーム機にはゲームキャラクターのシールを沢山貼っていたんだけど、子供ながら、さすがにそのシールのことは諦めていた……そしたら任天堂は、わざわざ同じシールを探し出し、同じ位置に貼り直したうえで、ピカピカのゲーム機にして戻してきてくれた。

この「ゲーム機に貼られたシール」のエピソード、じつはこの一件だけではなく、他にも同じような投稿が多数見つかります。

カスタマーサポートの世界には、ヘビークレームに対処する際に「顧客の想定を超える対応を行うことで、コミュニケーションの主導権を取り戻す」という技法があります。納得してもらうだけでなく、それを飛び超えて、顧客の想定外、驚くような対応や提案をすることで、「納得」を超えてファンになっていただく裏ワザです。例えばあるクレームを伝えたら、丁寧にお詫びされ、問題に対処してもらった、だけであれば顧客の想定範囲内でしょう。ですがもし、次のように対応されたら……？

丁寧にお詫び、問題に対処した上で、そのクレームが社内でどのように共有され、その結果どういった改善点が見つかったのか報告してくれた。その後「いただいたご指摘のお陰で、弊社サービスの●●部分を改善できました。ありがとうございます。是非またご利用ください」というお礼状と商品案内が送られてきた。

ここまで対応されたら、さすがに「ではもう一度利用してみようか」という気持ちにもなります。こういった対応はマニュアル化が難しく、一般的にはお客様対応の責任者がその経験に基づいて行うことが多いのですが、「シール」のエピソードは、それすら超える「まさか、ありえない」レベルの想定外です。しかも「シール」は責任者対応ではなく、ごく普通の修理業務における出来事。こんな対応をされたら、もうファンにならざるを得ないでしょう。

修理手順のマニュアル内に「ゲーム機にシールが貼られていた場合」の対応基準が決まっているのかもしれませんが、じつはこういった対応を日常的に提供するためには、マニュアル整備はもちろん、現場で対処するスタッフさんにも一定の権限付与が必要になります。これを実現するのは本当に大変なのです。

このバランスの難しい作業を、任天堂はずっとやり続けてきたのでしょう。ネットには、他にもこんなエピソードが投稿されています。

つい先日、故障したゲーム機を修理に出したんだけど、段ボールに入れる時にちょうどいい緩衝材がなくて、代わりにタオルで包んで送ったんだ。そしたら、そのタオル、洗濯した上でアイロンまでかけて返送されてきた、凄いよね……。

小さい頃、「こんなゲームを作って欲しい」という、いま考えたら相当恥ずかしい内容の企画書を郵送したら、「発想が素晴らしい、ゲーム開発の参考にします」という手紙が送られてきた。未だに忘れられない。

他にもまだ沢山あります、探せばキリがない程です。言うまでもありませんが、ただ「素敵な対応」をしただけではこれらの投稿に繋がりません。長年にわたって「壊れにくい丈夫なゲーム機」と「良質なコンテンツ」の提供を積み重ね、その上で初めて意味を持つエピソードなのです。多くの企業がファンの獲得を目指し、その手前で足踏みをしている中で、任天堂はそれを実現しています。

またこれらの投稿は、いずれも顧客が自発的に発信した情報、つまりクチコミです。第一部でご説明したように、クチコミにはその情報の「信頼度」を押し上げる効果があります。企業イメージが向上するような情報を、顧客自らクチコミで発信してくれている。任天堂は今や、そういった大勢のファンに囲まれているのです。

†悪魔の証明

そんなファンの人たちが、あの「任天堂の倒し方」という記事を目にしたら、果たしてどう思うか。すぐさま「オレたちの任天堂をバカにするのか」という強い憤りを感じるはずです。当然でしょう。仮に「あの記事は事実ではありません」と熱弁したところで、果たして耳を傾けてもらえたか……。しかも、求められるのは「悪魔の証明」です。

＊悪魔の証明
証明することが非常に困難な事柄について証明すること。「お前は悪魔だ。もし違うのであればそれを証明しろ。できなければお前を悪魔とみなす」という論法。本来、先に主張をした側がその根拠を示すべきところ「その前にお前が『そうではない』という根拠を示せ」と要求されている状況。

「任天堂の倒し方」記事には、その情報源や根拠が示されておらず、書かれているのは「最近面白い話を聞いた」という一文のみ。ちゃんと根拠が示され、それが事実なのであれば「バカな社員がいてごめんね」と言えるし、間違っていれば「それは事実ではない。なぜなら〜」という具体的な反論もできます。ですが、この記事ではどちらも不可能なのです。「取材源を明かす訳ないだろう」と言う方がいるかもしれませんが、「取材源は明かせない」と言えば、根拠も示さず好き勝手に何を書いてもよいのなら、少なくとも本書のように私見を述べる権利くらいあるでしょう。

当時求められていたのは、強く憤っている任天堂ファンにも伝わるような、説得力のある情報発信。しかも状況は「悪魔の証明」です。恐らくどう頑張っても「否定した」という事実を残すだけで精いっぱいだったと思います。それでも……。

†誰が得をしたのか

結果がどうであれ、やはり否定の情報発信だけはするべきでした。今でもそう思っています。騒動から程なく「任天堂の倒し方」は完全に実話として認識されるようになります。否定しなかったからです。それどころか、まれに「D社による発言だった」と誤解している人までいるようです。

ずいぶん後になってから考えたのですが……もし記事に書かれた社名が「逆」だったら、世の中はあの記事を信用したのだろうか。きっとそんなことはなかったでしょう。むしろ批判は記事に向けられ、「根拠のない記事を書くな、任天堂に失礼だろう」と炎上していたはずです。私はこの騒動で、自分の職場が「面白ければいい」に負けてしまったことがとても悔しかったのでした。
「任天堂の倒し方」騒動はその後、私の仕事にも影響を与えました。私の仕事は社外に向けて講演をすること、毎年五〜一〇万人の方にお話ししています。この騒動以降、私の講演は「好きになってもらえる」「顔が思い浮かぶ」「ファンが増える」、そんなことを強く念頭に置いた内容に変わりました。もちろん、以前から全く同じ気持ちでやっていましたが、この騒動をきっかけに、その気持ちは執念に変化したのです。

この一連のエピソード、じつは第一部の第二章「誰が得をするのか」のところで書こうと思っていたのですが、色々な事情を踏まえた結果、この第二部で書くことになりました。「任天堂の倒し方」は、ちょっと頑張ってネットを探せば、署名付きの全文が簡単に見つけられます。当時この記事が誰によって、なぜ書かれたのか、なぜ任天堂だったのか、またこの記事で得をするのは誰だったのか（少なくともD社や任天堂ではありません）。第一部をお読みいただいた方であれば、すぐに答えが見つかると思います。

＊本書は個人の立場で執筆しているので、本書はグリー広報の見解ではなく、私個人の見解です。

政治家やタレントだけじゃない。「フェイクニュースへの対処」や「フェイクの見極め」は、多くの若者、日々を普通に過ごしている社会人にも必要な能力です。実際「任天堂の倒し方」は、会社員である私を直撃した出来事でした。積極的な情報発信が、自分のピンチを救ってくれるかもしれない、あるいはフェイクニュースと戦う武器になりうるのなら、日頃から情報発信力を鍛えることは重要です。ではどうすればよいのか。何よりも最初にすべきは「情報発信の本質」を理解することでしょう。

第八章　批判しないと死んじゃう人たちへ

†そこに山があるから

情報を発信すると必ず生まれるものがあります。それは「反響」。河野太郎氏のフェイクニュース否定、小池一夫氏の潔い謝罪、本田圭佑選手の爽やかなツイート……これまで見てきた情報発信の成功例には、いずれも大きな反響がありました。そして、どの反響の中にも必ず見られたのが理不尽な批判です。

あれだけクオリティの高い情報発信が批判されるなんて、と不思議に思われるかもしれませんが、例えばこんな感じでした。

「招待されようが、参加する方がおかしいのだ」

河野太郎氏の「女性外相会議騒動」が勘違いだと判明した後、それでもなお喰い下がっていた人による支離滅裂な批判。

「わかります、すべて自作自演ですね」

小池一夫氏は「すまし汁」炎上を意図的に引き起こし、世間から注目されたかったのだ、という根拠のない断定。

「髪を染める前に、国語を勉強しよう」

本田圭佑選手の読み間違いに対する、全く関係のないファッション批判。しかもなぜか、上から目線。

いずれも真面目に受け止める必要はありません。どの批判も論理的に破綻しているか、単なる言いがかりか、「批判のための批判」でしかありません。どんなに真っ当な情報発

信をしても、そこには必ず理不尽な批判が発生します。なぜなら彼らが批判する理由は、

「批判したいから」

登山家が「そこに山があるから」と山に向かうように、理不尽な批判を投稿する人たちも、批判したいから批判しているだけです。

†この夏は僕らのもの

このような理不尽な批判を繰り広げる人たちとは、いったい何者なのか。世の中には「常に文句を言っていないと死んでしまう人」がいます。ネットで活躍しているライターのセブ山さんが、他人の批判ばかりしている人のSNSを観察していたら、「この夏はボクらのもの」という遊園地のキャッチコピーにまで、

「ふざけるな！　夏はみんなのものだ！」

と噛みついていたそうです。発想が空高く突き抜けています。ついていけません。さすがにこの人はかなり極端な例ですが、世の中には、常にあちこちに首を突っ込み、常に誰かに文句を言っていないと死んでしまう人たちがいます。以前サッカーの国際試合で、日本人サポーターの「試合後のゴミ拾い」が話題になった際、「そんなことをしたらスタジアムの清掃員が失業する！」とSNSで批判する人が現れました。もちろん一時的なゴミ拾い程度で現地の雇用が変化する訳もなく、誰も失業しませんでした。

また、あるバス会社には「バス同士がすれ違う時、手を挙げて挨拶するのは片手運転だろう、危ないから止めさせろ！」というクレームがあったそうです。ちょっと考えればウインカー操作やギアの切り替え時だって片手であることに気がつけるでしょう。

批判したい理由は「日々のストレス解消」か「鋭い指摘をする自分を見て欲しい」という承認欲求か……きっと人それぞれだと思いますが、いずれも批判自体が目的になっていますから、客観性や中立性、エビデンスの確認はすべて省略。恐らくご本人たちにはその自覚すらないでしょう。

世の中に情報を発信するということは、広大な情報の海に自分の意見を放り込む行為です。そこには様々なキャラクター、想定外の価値観を持った人が生息しており、ビックリするような反響が返ってくるのです。でも、ここでお伝えしたいのは「世の中にはそんな変わった人たちがいる」という話ではありません。少しでも情報を発信したい気持ちがあったり、情報発信するべき場面が来た時に、こういった理不尽な批判を気にして、必要な情報発信を止めてしまうような場面を作りたくないのです。第二部の最初でもお伝えしましたが、ネットで可視化されるのは批判している人たちだけ。批判していない人の姿は見えません。理不尽な批判は決して世論の総意ではありません。

もし反響が「批判一色」で、しかもその指摘が真っ当なものであれば、それは真摯に受け止めるべき。きっと発信した情報に何かしら問題があるのでしょう。でも「情報発信をすれば必ず理不尽な批判が出現する」ということも知って欲しいのです。むしろそれを知ることで、理不尽な批判に埋もれた「真っ当な批判」も見逃さなくなります。情報発信には、湧き上がる批判から「必要なものだけを選択して、あとは捨てるセンス」が求められるのです。

「その理屈は分かるけど、やっぱり気分の悪い批判なんて受けたくないなあ……」という方、お気持ちは分かります、分かりますが……それはダメ。情報発信とは権利の行使であり、権利には必ず義務が伴います。この場合の義務とは「反響や批判の存在を認める」ことでしょう。

誤解していただきたくないのですが、これは決して「気分の悪い理不尽な批判も含めて、ちゃんと受け止めてくれ」という意味ではありません。大雑把に言えば、「理不尽な批判には、いちいち反応しなくても良いですよ、無視してもOK」。でも、「批判・反論の存在は認めなきゃダメ、批判するな、というのはダメよ」というだけ。

「情報発信↕反響」の一往復は最低限のノルマです。気分の悪い、的外れな批判でも、その存在は認めてあげてください。そもそも反響のない情報発信＝誰にも届いていないということです。たとえ理不尽な批判が含まれようが、反響があるのは悪いことではないのです。

同時に一往復分のノルマはもう達成していますからね。もう十分。よく「なぜオレの批判に返信しないのか！」と文句を言ってくる人がいますが、そもそも面識のない人間にいきなり失礼な暴言を投げつけておいて、なぜ返事がもらえると思うのか、むしろその発想が理解できません。後で詳しく取り上げますが、やりとりを見ている「まともな第三者」

は全部ちゃんと見てくれています。だから大丈夫です。

†「バカが多くて疲れません？」事件

近年、ＣＭやテレビ番組、ネットでの情報発信が、顧客から寄せられたクレームで差し替えられたり、休止されたりするケースが目立ちます。無論、「これ、誰が見てもアウトだろ」とか「なぜＧＯサイン出したんだ……」という酷いモノもありますが「どう考えてもそれ、あなたの個人的な気持ちですよね」としか思えないクレームにさえ、律義に対応しているケースが少なくないのです。

例えば、タレントがおもちゃの「ツケ鼻」をつけて西洋人に扮しただけで「人種差別だ」というクレームが入り、慌ててキャンペーン中止。料理番組に「高級食材を使うな。買えない人の気持ちを考えろ」というクレームが入り食材を変更。さらには「うるさい」とか「ウザい」という些細なクレームにまで、神経質に対応しているケースが増えています。企業が世間の評判を気にするのは無理もないのですが、それにしてもちょっと気を遣い過ぎです。そもそも「ツケ鼻」に抗議した人は、金髪のタレントや著名人にもちゃんと抗議しているのでしょうか。

こういった傾向は「ネット時代の産物」と思われがちなのですが、じつはそうでもありません。まだネットが普及する前の時代にも、同じようなことが起きています。例えば栄養剤のCM。「世の中、バカが多くて疲れません？」という桃井かおりさんのセリフに「視聴者をバカにしている」という批判が寄せられ、内容が修正されました。缶コーヒーのCMでは、矢沢永吉氏の「夏だからって『どっか行こう』ってのやめませんか」というセリフに、旅行業界からのクレームが入りすぐに放送中止に。スポーツカーのCMでは、牧瀬里穂さんの「男だったら乗ってみな」というセリフが性行為を連想するという謎のクレームで作り直し……いずれも一九九〇年代、ネット普及前の話です。このように一部のクレーマーに律義に対応して自粛、という構図はずいぶん以前から存在していたのです。今の時代なら「炎上」と呼ばれていたでしょう。

そもそも桃井さんのあのセリフは「そうそう、だよねえ」と受け流せば良いのに、あれに腹を立てクレームを入れる＝「私はバカ」と自ら認めているようなものです。永ちゃんのセリフぐらいで本当に業績が悪化してしまう業界なら、放っておいてもそのうち消滅するでしょう。牧瀬さんのあのセリフを「わいせつ」だと感じてしまうなんて、相当な発展家、むしろその思考回路がヤバい、家から出ないでください。

このような「私みたいに不快に思う人がいるのだから止めろ」というワガママがまかり通るようになったのは、別に今に始まった話ではないのです。そしてネットの時代は、そういった声のデカい人たちをますます元気にさせ、自分の「お気持ち」で大暴れしている、これが現状です。物事がそうやって決まってしまうのは世の中にとって不幸でしょう。何度も言いますが、何とも思っていない大多数の人たちは何も言いません。その人たちのことも忘れないで欲しいのです。

そろそろ「CMに対する●件以内のクレームは許容範囲内とする」といった全社的な判断基準や、「理不尽なクレームには、自社の考えを公表することで対処する」という選択肢が準備できるくらいの事例、経験、ケーススタディーは蓄積されたはず。ちゃんと実行すれば可哀そうな誰かに責任が集中することも避けられます。昔だったら膨大なコストが必要だった「企業の情報発信」も、それこそネット・SNSのお陰で安価に実施できるようになりました。あとはやるだけです。

そしてもう一つ、これらを実行するうえでどうしても欠かせない要素があります。それは、腹の座ったボスの存在。「よし、方針は分かった。最後はケツを持つから好きなようにやってみろ」。これを言ってくれるボスがいてくれて、現場は初めて前に進めるのです。いつの時代でもここだけは変わりません。そんなボスの存在が、やがてその企業の「ブレない文化」「事なかれ主義の排除」を作り出し、最終的には企業の社会的評価にもつながるでしょう。

ちなみに栄養剤のCMでは、クレームに対応する形で「世の中、お利口が多くて疲れません?」という新バージョンが制作されました。正直言ってかなり間抜けなCMだったのですが、このセリフには、理不尽なクレームに対する現場スタッフたちのささやかな反抗心、うんざりした気持ちが込められていたのだと思います。大女優に撮り直しオファーをする度胸があるのなら、その度胸を少しでもクレームに対して振り向けて欲しかったと思いました。

†右から左に

個人だろうが企業だろうが、情報発信をすれば必ず反響があり、そこには高い確率で理

なぜこんなことで謝らなければ
ならないのかこんなものは本人
のお気持
ってこん
なことに
するなよ
よ対応す
もなっ
てみ
も弱腰

不尽な批判、的外れな言い掛かりが出現する。そんなモノにいちいち反応する必要はありません。ネットには「スルースキル」（受け流す能力）という言葉があります。受け流す、つまり相手にしない能力です。

「これまで散々『反論しなければそれを認めたことになる』と書いていなかったっけ……」と思われるかもしれませんが、確かにそれは間違いありません。ですがあまりにも支離滅裂な言い掛かり、低レベルの勘違い、こういったものに漏れなく対応していたら、本当に戦うべき相手、反論すべきタイミングを見逃してしまうのです。重要なのは「反論するか、放置するか」の見極めです（これを見誤って放置してしまったのが「任天堂の倒し方」でした)。では、どうやって「反論するべき」を見極めればよいのでしょうか。時々、訪問先の学校や企業から、こんなご相談をいただくことがあります。

「ネットに、事実と異なる誹謗中傷が投稿されて困っている……。」

ある高校で、学校と保護者との間にトラブルが起き、最終的に転校することに。その後、保護者が、学校を貶めるような事実無根の中傷をネットに投稿し始めた、どうしたら良いか、というご相談。この学校は私学だったので、担当教諭は生徒募集への影響をとても心配しており「もう裁判しかないでしょうか?」というところまで思い詰めていました。

こういったトラブルで最初にやるべきは、実質的なリスクの有無を判断すること。この保護者は自分でブログを立ち上げ、そこに学校への誹謗中傷を書き連ねていたので、まずそのブログを見に行きました。そして……「なるほど、大丈夫です。この件は放置しておきましょう」。

そのブログは、学校を攻撃する目的のためだけに開設され、記事もたくさん投稿されていました。が、そもそもトラブルの原因は、学校との「意見の相違」。ブログを何度も更新できるほどの濃いネタではなく、書かれている記事も一方的。エビデンスもなければ主張も支離滅裂、教員への個人攻撃や容姿に対する中傷、果ては無関係な隣人トラブルまで投稿される始末。とても読者の共感を呼べるような内容ではありませんでした。

第三者がこのブログを見たらどう思うかと言えば「一度、お医者さんにちゃんと診てもらった方が良いのでは」。文章を読むだけで、ヤバいのは学校ではなくあなた……と心配になる、正直そんな内容だったのです。ページを一度閲覧するだけで、体力を奪われるようなブログでした。

ネット投稿による名誉毀損や誹謗中傷には、場合によっては法的措置や被害届といった選択肢もありますが、いずれにせよ最初にすべきは緊急度の判断です。どんなにメチャクチャな中傷でも、世の中から信用されないモノであれば、さほど慌てる必要はなく、落ち着いて対処法を検討する時間があります。このブログはまさに、誰からも信用されない緊急度の低いものでした。

大切なのは相手に何をされたのかではなく、その結果どんな実害が想定されるか、されないか。このケースでは、誰も信じないであろうブログに法的措置で対抗するのは、逆に悪手に思えたのです（相手が「向こう傷」を恐れない無敵状況にあると、法的措置が相手を刺激し、結果的に状況を悪化させることもあります）。結局、何もせずに放置した結果、そのブログは更新が止まり、最終的にはページも消滅しました。

自分の情報発信が、理不尽な批判や誹謗中傷に晒された時も、判断基準は一緒です。「反論すべき」は、世の中がその批判、中傷を信じて受け入れてしまいそうな時、あるいは「面白ければいい」で拡散してしまいそうな時。理不尽な批判のその中身よりも、世の中がそれをどう捉えるか。それを読み取るセンスです。逆に言えば、世の中がその批判、中傷を「信用に値しない」「バカな批判だねえ」と思ってくれるのであれば、いちいち気にせずスルーしてOK。むしろ動じないその姿は、人物としての高評価にもつながるでしょう。

そもそも批判が目的という人たちは、「反応してあげると喜ぶ人たち」でもあり、また自分が投稿した「批判」に対して特別な思い入れを持っているというワケでもありません。

無視され、話題が変わってしまえば、「つまらん……」と新たなターゲットを探しに、またどこかへ消えていくでしょう。

†マシンガン貴殿

それでもなお、相手がしつこく粘着してくる……何かしら返信せざるを得ない、そんな場面もあると思います。ですが、そんな時でも正面からの反撃は不要です。真面目に答える必要もありません。むしろその逆で良いのです。

「ネット炎上」という言葉を生み出した投資家・作家のやまもといちろう氏は、SNS論客としても非常に有名です。そんなやまもと氏のネットライフは、常に「しつこく粘着してくる人」との戦いでもあります。じつは、やまもと氏と彼らの「バトル」を分析することで、粘着ユーザー対処法のヒントが見えてくるのです。

やまもと氏は、ネットで相手に呼びかける際、「貴殿《きでん》がそれを言うか」「貴殿の見立て通りです」というような感じで、「貴殿」という言葉を好んで使うのですが、ある時ツイッターでやまもと氏とバトルを続けていた粘着Aさんが、粘着A　貴殿とか言っちゃって、言葉遣いが気持ち悪いんだよ！

と、まあ本筋とは関係のない暴言を投稿しました。じつは粘着Aさん、やまもと氏に論破されかけて、苦し紛れにこんな反論しかできなかったのですが、この発言に対するやまもと氏の返信がこちら。

やまもと氏　貴殿貴殿貴殿貴殿貴殿貴殿貴殿貴殿貴殿貴殿貴殿貴殿貴殿

これこそ「面倒な相手にどう対応するか」の答え。やまもと氏はこの「貴殿～」の段階で、もう粘着Aさんは相手にしていません。そんなことより、このやりとりを注視している自身のフォロワーたちをいかに楽しませるか、どう笑わせるか、もうそれだけでしょう。

ネットにおける議論や言い争いは、日常生活とは異なるかなり特殊なもの。それは単なる一対一の対決ではなく、観客の前で繰り広げられる剣闘士競技です。SNSは、議論や言い争いが始まった瞬間に、衆人環視の「コロシアム」に変貌します。そもそも古代ローマのコロシアムは、ローマ市民がストレスを発散するために作られた娯楽施設でした。奴隷剣闘士の命をかけた戦いを見物することで、政治に対する不満を解消していたのです。

ネットでの論争は、まさに現代のコロシアム。そこで試合をする以上は、観客を喜ばせ、生き残り、自分の評価も向上させなければ意味がありません。相手を華麗にかわし、その姿を観客に見せつけ、あわよくばドッと笑わせて自分の評価を上げる。これがネットで議論する理由です。それがなければ、わざわざ皆が見ている前で言い争いをする意味などありません。議論だけなら個別メッセージで済ませれば良いのですから。

やまもと氏は相手の稚拙な挑発には乗らず、「マシンガン貴殿」をぶっ放すことで観客に笑いを提供して対話を終わらせました。どちらがコロシアムの勝者だったのかは言うまでもありません。

†観・短・流

しつこく理不尽な批判を続ける相手には、このような対応が効きます。何しろ本来なら無視すれば良いのに、わざわざ相手にするのですから、普通の反論じゃ観客は楽しめません。ナナメに受け流しながら、ちょっとした変化球でスマートな対応を、できれば皮肉とユーモアを交えた内容で……これは非常に高度なコミュニケーション術ですが、成功すれば情報発信者として高い評価を得られます。チャレンジする価値はありです。では具体的にどうすればよいのか。やはりこれも、やまもと氏のツイッターから学ぶことができます。

粘着B お前なんなの？ 超ウザい。バカだよね、頭の中がお花畑なんだよ。

やまもと氏 貴殿の自己紹介、ありがとうございます。

ヒートアップした相手は、頭に血が上り罵詈雑言を撒き散らしがち。無論そんなものを正面から受け止める必要はありません。横に受け流しつつ、短い一言で笑いを誘う非常に高度なテクニックです。しかも丁寧に敬語で返答することで「相手にされていない感」が加わり、粘着Bさんの絶望感も増大します。

粘着C この記事を書いた山本ってヤツ、誰から金もらってるんだろう。

やまもと氏　そのやまもといちろうって酷いヤツだな。

相手の予想を完全に裏切る返答をすることで、対話の主導権を奪うスタイルです。まさか第三者的なノリでコメントされるなんて思いませんから、粘着Cさんもさぞかし返答に窮したでしょう。

粘着D　誤魔化すのが得意ですね。

やまもと氏　貴殿みたいな馬鹿には誤魔化しに見えるんでしょうね。

これは……普通の人は簡単に真似のできない、かなりの飛び道具。でも相手を黙らせる効果は抜群です。なぜなら、この流れだと粘着Dさんは再度「「誤魔化してんじゃねえよ」」と畳み掛けざるを得ないからです。議論において同じ質問を繰り返すのは相当ダサいので、観客から見ても粘着Dさんの負けは明らかでしょう。

いずれも共通するのは、「観客を意識」（観）しながら、「短い言葉」（短）で、「横に受

け流し」（流）ている点。とにかくなるべく少ない文字数で返信することがポイントです。反撃の文字数が多ければ多いほど、相手に反論する情報（ネタ）を与えることになります。感情を抑えて、極力短文にまとめましょう。

残念ながら、もうツイッターでやまもと氏の雄姿、華麗な剣さばきを堪能することはできません。二〇一九年四月、やまもと氏のアカウントがツイッター社の「何だかよく分からないNG基準」によって凍結されてしまったからです。日頃からべらんめえ口調、はっきり物を言われる方ですが、凍結直前まで、ペナルティを受けるような問題のある投稿はされていませんでした。

「ツイッターは頼れない」の箇所でも触れた通り、「魚のさばき方」が自傷行為の助長だと判断してペナルティを与えてしまうようなツイッター社ですから、何が起きても驚きませんが……情報の「玉石混交」であるツイッターで、中立に交通整理ができる「情報の達人」がいなくなってしまったことは、個人的にも残念でなりません。

†タレントはつらいよ

ネットバトルにおける「観・短・流」、これを是非とも実践していただきたい方々がいます。人気商売のど真ん中、芸能界、タレント稼業の皆さんです。SNSで情報発信しているタレントさんが、一般の方と激しい言い争いバトルを繰り広げ、ネット掲示板やワイドショーのネタにされる……容姿をバカにされた二世タレントが、SNSで派手な空中戦を繰り広げて話題になったりもしました。正直、タレントさんのSNSバトルは、勝っても負けても得るものがほとんどありません。

そもそも議論なんて、公平でなければやる意味がないのです。考えてみてください。タレント側はスポンサー・出演番組といったステークホルダー（利害関係者）をたくさん抱えています。時に激しい言葉が飛び交うネット議論で、大事なモノをいっぱい抱えたタレントさんが自由に戦えるはずがないでしょう。一方で相手の一般人は、さほどリスクを伴わずに「下品な差別用語」や「乱暴な論法」をまき散らせるのですから、圧倒的に有利。もしタレント側が、感情のままに物騒な発言でもしようものなら、面白半分に警察に通報されることもあります。事なかれ主義のスポンサーなら一発で契約終了、契約内容によっては損害賠償を求められる可能性もあります。つまりタレント側は、最初から巨大なハンディを抱えた、圧倒的に不利な立場なのです。

またタレントさんが戦う相手は一人ではありません。ファンが多ければアンチも多い、人気商売の宿命です。自らのピンチに湧き出てくるのは大勢のアンチですから、多勢に無勢、よほどの専門知識やコミュニケーション力がなければ、アンチの集合体には勝てないでしょう。しかもこの種のバトルに巻き込まれたり、アンチからケンカを売られがちなのは、日頃ネットで積極的な情報発信をしている「知性派」タレントだったりしますから、バトルで論破されればブランドイメージにも傷がつきます。だから売られたケンカは無視するのが一番、ましてや自分からケンカを売りに行くなんて論外です。

ＳＮＳでの交流を楽しむ相手は、自分に好意的なファンだけで十分。そのファンたちだ

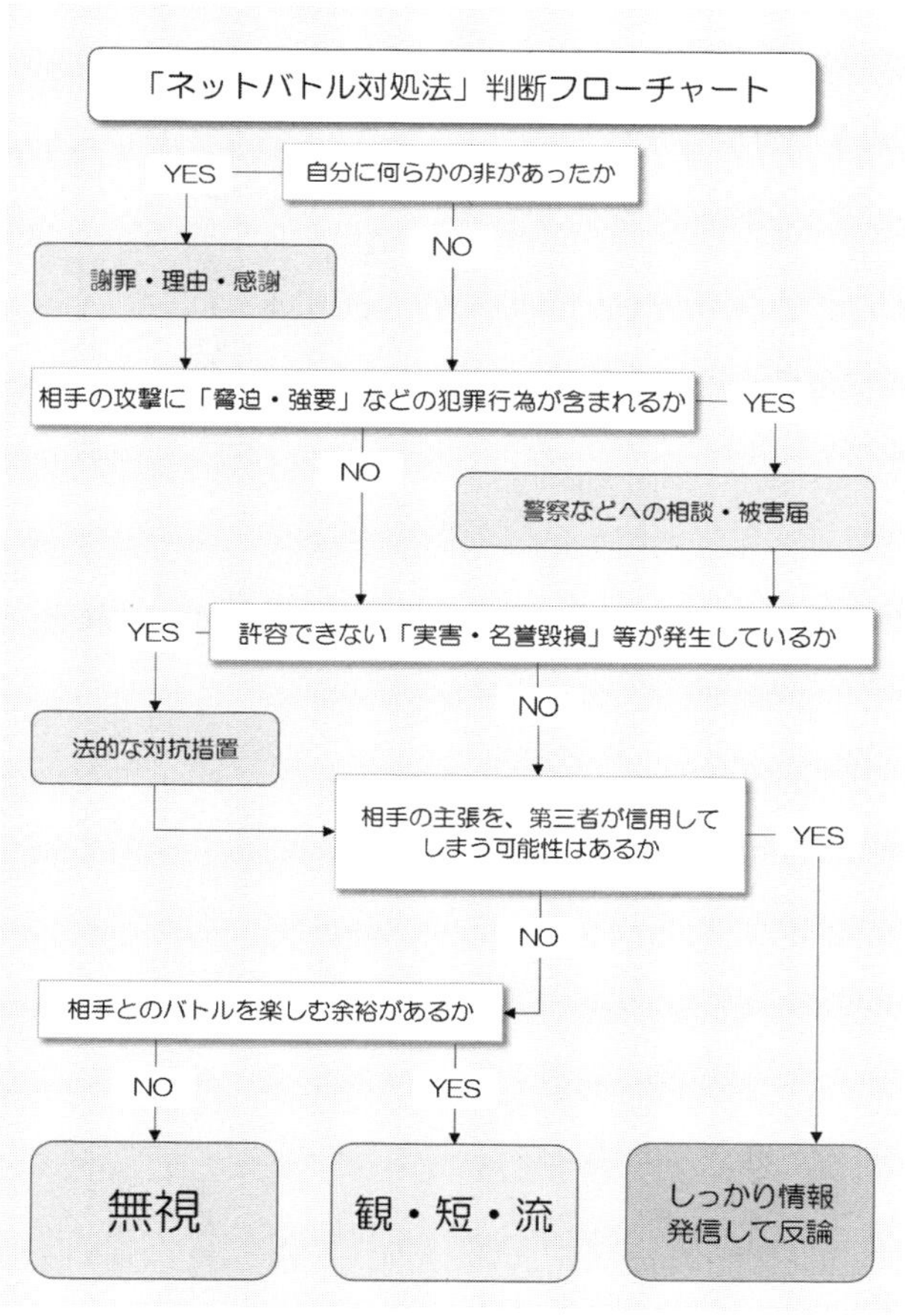
「ネットバトル対処法」判断フローチャート
自分に何らかの非があったか
YES
NO
謝罪・理由・感謝
相手の攻撃に「脅迫・強要」などの犯罪行為が含まれるか
YES
NO
警察などへの相談・被害届
許容できない「実害・名誉毀損」等が発生しているか
YES
NO
法的な対抗措置
相手の主張を、第三者が信用してしまう可能性はあるか
YES
NO
相手とのバトルを楽しむ余裕があるか
NO
YES
無視
観・短・流
しっかり情報発信して反論

って、自分の好きなタレントが粘着アンチと戦う姿なんて見たくありません。だから権利を著しく侵害されたり、家族やファンを愚弄されるような、そんな捨て置けない場面、世の中が味方になってくれそうな時だけ、怒りを抑えながら「観・短・流」でかわして欲しいのです。そもそも観客のいるコロシアムは、タレントさんが最も得意とする舞台のはず。是非、満員御礼のホームゲームにしてください。

†そのDM、晒されますよ

「衆人環視のコロシアムか……強烈だな、そんな面倒はイヤだから、議論になったらDM（SNSの個別メッセージ機能）や個人チャットでやりとりしよう」と考えた方、その発想、ちょっと危険です。二〇一八年一一月、イタリアの高級ファッションブランドが「DM」で大炎上、たった数時間で中国全土の市場を失うという、衝撃的な事件がありました。

コトの発端は中国向けに作られた動画CM。中国人女性が箸を使ってイタリアンを食べる、というその内容は、ちょっと（というか、かなり）アジアに差別的な内容でした。そのブランド、過去にも挑発的な広告で物議を醸したことがあったのですが、今回の騒動は、ある一般人がファッションブランドの幹部に対し「あの広告は何だ、どういうつもりだ」という抗議を、SNSのDMで送信したことが始まりでした。

当事者同士のやり取り、外から見えない直接のメッセージだからと気を許してしまったのでしょう。あろうことかその幹部は、DMの返信で「中国はクソだ」「マフィアめ」といった、さらに挑発するような返答をしてしまったのです。この後、何が起きたのか……もうお分かりですね。DMのやりとりは画像で保存され、ネットに投稿され、あっという間に大炎上しました。数日後に中国で開催予定だったファッションショーは、出演予定の中国人モデルが揃ってボイコット。中国の店舗で売られていた商品もすべて撤去、ネット通販会社も販売を拒否、本当に中国全土から商品が消え去りました。そのブランドは、幹部が送信した一通のDMで、巨大な中国市場を失ってしまったのです。ここまでたった数時間の出来事でした。

外部から見えないはずのDMや個人チャットだって、画像で簡単に保存できるのですから、ネットに投稿するのと同じです。そうでなければ、LINEの個人チャットの内容が、週刊誌に流出するようなスキャンダルが起きるはずがありません。データが外部に漏れたのではなく、人間の手によって保存され、提供されているだけ。差別的な言動は論外として、企業もそろそろネットの本質についてちゃんと学んだ方が良いでしょう。ちなみにこの炎上でも、一番使っちゃダメな言い訳、「アカウントが乗っ取られたんだ」が炸裂、しっかりと火に油を注ぎ、状況を悪化させていました。

無論、プライベートな情報発信でも「DM、個人チャットだから大丈夫」と考えるのは危険です。送信先が信用できる相手だろうが、親しい間柄だろうが関係ありません。相手に悪意がなくても、誤って第三者に転送してしまう、ロックされていないスマホを紛失してしまう、そんな可能性はゼロではないのです。またあなた自身がメッセージの宛先を間違える、DMのつもりでツイッターに投稿してしまう、その結果、あなたのメッセージが全世界に向けて炸裂する、これも十分に起こり得ること。だから万が一、外部に流出したら恥ずかしいモノ、第三者に見られたら布団をかぶって死にたくなるようなメッセージは、たとえDMでも個人チャットでも、送らない方が良いでしょう。

じつは私も、個人的なやり取りをネットに投稿されたことがあります。以前、ツイッターのDMで高校生から「お悩み相談」をいただいた際に、私なりの回答を送ったところ、「小木曽に相談したら返事もらえたぁ、サンキュー!」と、その高校生が私の回答メッセージを、ツイッターにバーンと貼りやがりましてね、画像で。もう……変なこと書いてなかったから良かったものの、さすがにこれは想定外でした。恥ずかしいから本当にやめて欲しい。

第九章

情報の達人は知っている

†「こども食堂」にキレる大人

情報を発信すると必ず湧いてくる「批判のための批判」「アンチ」「粘着」……ウンザリするような話ですが、では面倒な議論はすべてそれらが原因かと言えば、もちろん違います。じつはそういった面倒ゴトの多くが「好きか嫌いか」という非常にシンプルで、相当ややこしい理由によって引き起こされているのです。

二〇一九年二月、とあるコンビニ大手が打ち出した社会貢献活動が話題になりました。

「こども食堂」と名付けられたその活動は、コンビニの店舗で、地域の子供達に安価に食事（店舗の商品）を提供するという内容。レジ打ちなどの職業体験も盛り込まれ、活動を通じて地域のコミュニケーション活性化を目指そう、というものでした。私も企業の社会貢献、ＣＳＲ活動で給料を貰っている身であり、正直「これはとても良い取り組みですね」と感じるプロジェクトだったのですが……。

＊「子ども食堂」とは
地域や自治体などが無料または低料金で子どもに食事を提供するコミュニティのこと。ちなみに本文における「こども食堂」はコンビニの取り組み、「子ども食堂」はボランティアなどによる既存の取り組みを指します。また本書全体では大人の対概念としての「こども」を子供と表記しています。

なぜかこの活動に猛烈な勢いで嚙みつく「社会活動家」が出現したのです。貧困問題に取り組む団体の代表であり、大学の客員准教授でもあるその活動家さんは、ＳＮＳやネット記事を通じて「こども食堂」を激しく批判し始めました。その主張をざっとまとめると、

①子ども食堂で提供される料理は「手作りの温かい家庭料理」であるべき
②子ども食堂には市民ボランティア運営による「暖かい交流」があるべき
③「レジ打ち体験」などただの職場見学。子ども食堂ではない
④子供の貧困はコンビニのせいでもある。なぜならコンビニの給料は安いからだ

まず①と②ですが、そもそも最初の「子ども食堂」は、満足に食事をしていない子供の存在がきっかけで始まったものです。その後、全国に広がった「子ども食堂」は地域ごとに様々なスタイルで運用されています。市民ボランティアによる手作り料理で、温かい交流もあるべきという定義は、それ自体決して悪いものではないにせよ、「あるべき」なんて、誰がいつ決めたのでしょうか。

また③ですが、コンビニ「こども食堂」のプレスリリースには子供の貧困についての言及は一切なく、あくまで地域活性化や交流の場を提供、という表現になっています。これは、この仕組みを利用する子供たちへの気遣い、自尊心に配慮したからです。だからこそ食事の提供だけでなく、レジ打ちなどの楽しい体験も用意したのでしょう。保護者が「行

っておいで」と送り出しやすいように工夫した、企業側の優しさだったのだと思います。

こんなこと、普通に考えれば誰でも自然と気がつけると思いますが……この活動家さんにはこの優しさが理解できなかったようです。そして、この活動家さんが大騒ぎした結果、妙な論争になって注目を集めてしまい、結果的に企業側の気遣いが全て無駄になったように思います。
④についてはロジックが雑過ぎで議論になりません。そもそも賃金とは市場原理で決まるものであり、労働者を守るための法律や規制もあるのですから、それを踏まえた議論をしなければ意味がないでしょう。
その他、「そもそも児童の貧困問題は、民間ではなく国が取り組むべきもの」という主張もされていましたが、コンビニ「こども食堂」は建前とは言え、あくまで地域のコミュニケーション活性化を目指す活動であり、貧困問題の解決が目的ではありません。残念ながらこれは論点にできないでしょう。

†犬と猫はどっちが可愛いか

この活動家さんには、恐らくご自身が理想とする「子ども食堂」の姿があるのだと思います。この方のＳＮＳでの投稿を見ると、常に資本家や企業というモノを批判しているので、大資本企業でもあるコンビニが「オレたちの子ども食堂」に乗り込んできたことが、そもそも許せなかったのかもしれません。

そうは言ってもこの活動家さん、コンビニ「こども食堂」の関係者でもなければ、お腹を空かせた子供でもなく、コンビニ経営者でも従業員でもありません。つまり関係ないのです。それなのに、なぜ首を突っ込んでまで批判してくるのか。それはズバリ、嫌いだから……。

人間の「好き」「嫌い」という感情には、自身の立場やエビデンスを忘れさせ、強引なロジックを作り上げてでも相手を攻撃したくなる、そんなパワーが秘められています。言ってしまえば、この活動家さんが主張している内容は、

「犬より猫の方が可愛いのだ。なぜなら！」

と一緒。世の中には、ただの「好き」「嫌い」を、真顔で「正しい」「間違い」にすり替えてしまう人がたくさんいます。恐らくご本人にはその自覚すらないでしょう。真面目に取

り合っていたらキリがありませんが、情報リテラシーが単なる「好き」「嫌い」に負ける訳にもいきませんから、相手の主張が単なる「好き」「嫌い」だと気がついたら、ひと言そっと、「それ、あなたの好みの問題ですよ」と軌道修正してあげましょう。

もちろん同時に、自分を顧みることも忘れてはダメです。「公正・中立」なつもりの自分の主張が「好き」「嫌い」に負けていないか、これを意識することは重要です。

高い情報リテラシーを持ち、「情報の達人」と呼ばれるような人たちは、自分に対しても漏れなく公正・中立です。彼らは自分の主張に誤りや矛盾を指摘された場合も、その指摘が正しければ素直に受け止めてくれます。なぜなら、つまらない意地やプライドよりも、公正・中立であることの方が重要であることを知っているからです。そして、もし意地やプライドに負けてしまうと「どうなる」のかも、ちゃんと分かっています……。

†そのダブスタ、バレます

ネット上でよく使われる「ダブルスタンダード」という言葉をご存じでしょうか？　日本語で「二重規範」、時と場合によって、対応や判断基準を変えること、つまり一貫性がないことです。

例えば「あいつは差別主義者だ」と叫んでいるその本人が、じつは過去に差別的発言をしていれば、その言動に一貫性はありません、ダブルスタンダードになります。選挙で自分が応援する候補が勝てば「民主主義は素晴らしい」、気に入らない結果に終わった時は「民主主義は死んだ」と嘆く、これも間違いなくダブルスタンダードでしょう。もっと身近な例で言えば、職場でお気に入りの部下にえこひいき、他人に厳しく自分に甘い、すべてダブルスタンダードです。

じつは「子ども食堂」の活動家さんも、その主張はダブルスタンダードを含んだものでした。児童の貧困問題は「国が取り組むべきこと、民間は子ども食堂をやるべきではない」と批判しつつ、市民団体が取り組む「子ども食堂」は賞賛、決して「やるべきではない」とは言いませんでした。二重規範、ダブルスタンダードです。


人間はもともと自分の「好き」「嫌い」にすら負けてしまう弱い存在です。ダブルスタンダードは、その人間の弱さをそのまま映し出す鏡のようなもの。ネット・SNSの時代を迎え、ダブルスタンダードという言葉が頻繁に使われる背景には、ここまでに何度もお伝えしてきたネットの特性、「情報の一覧性」があります。

ネットは物事を「可視化」する道具。その人が過去、ネットでどんな発言をしてきたのか、漏れなく抽出され、並べて比較され、矛盾があれば指摘されてしまう。ネットはダブルスタンダードに手厳しいのです。これまでダブルスタンダードを駆使しながら、何とか誤魔化して乗り切ってきた方々には、受難の時代とも言えるでしょう。

でも、言ってみれば「自分の過去の発言に責任を持ちましょう」というだけの話ですから、それほど悪い話ではありません。世知辛いとか、そういうのとはちょっと違うと思います。情報の達人たちは、日頃からエビデンスを重視し、一貫性を意識している人たちです。ダブルスタンダードがどれだけ恥ずかしいか、また意地を張って誤魔化せば、それがさらなるダブルスタンダードにつながることもよく知っています。だからこそ誤りを指摘され、その指摘が正しければ素直に謝ることもできるのです。

ダブルスタンダードと言えば、以前、整形クリニックで有名なあるドクターのツイッターが話題になりました。タレントさんの政治的な活動に対して、次のような物言いをつけたのです。

ドクター　僕がスポンサーなら、あのタレントをＣＭから降ろします。

エピソードの詳細は省きますが、注目はこの続きです。ドクターの投稿に反論すべく、まったく別のタレントさんが、これを批判するコメントを投稿したのですが……

タレントさん　俺はドクターの考え方が嫌いだから、あのクリニックがスポンサーの番組には一生出なくていい。仕事と思想を絡めることの恐ろしさを感じる。

……素晴らしい。この投稿はたった一度のツイートで、ダブルスタンダードを見事に完結させています。芸術的なまでの自己完結。この投稿に対して、すぐさま「番組に出ないなんて、思い切り仕事と思想を絡めているよね」と、壮大なツッコミが巻き起こっていました。やはりネットは、ダブルスタンダードに手厳しいのです。

ツイッターでは、この種のダブルスタンダードを数多く見つけることができます。例を挙げるときりがないので、興味のある方は「ダブスタ」や「ブーメラン」といったキーワードで検索してみてください。思想、立ち位置を問わず、色んなダブルスタンダードを見つけることができます。

†ネット匿名性のウソ

昔から「ネットには匿名性がある」とか「SNSは他人に成りすませる」などと言われてきました。まあ、それも間違いではありませんが、もう一つ、ほとんどの人が気づいていない重要な事実があります。じつはSNSほど、その人の本当の姿がバレる道具はないのです。

そもそも、ある程度の専門知識を持つ人が、用心深く相当な技術を駆使しなければ、ネット上で身分を偽ることは不可能です。ネットカフェから書き込まれた犯罪予告だって、警察関係者が所定の手続きを経て、本気で捜査すれば、最終的には誰が書き込んだのかほぼ特定されます。が……ここで言いたいのは、そういった技術的な話、違法な書き込みについての話ではありません。

ちょっと思い出してみてください。あなたの身近に「普段は冷静で理性的なのに、SNSの中ではちょっと違う」なんていう方はいませんか？ 日頃から控えめで、周りにも気遣う人なのに、SNSの中では「あれ、自分の話ばかりするんだな」とか「わ、このタイミングでこれ言っちゃうんだ」とか「何だか攻撃的だな」とか……SNSの中でだけ意外な一面、キャラクターを見せる人。残念ながら、それがその人の「本当の姿」です。

SNSに投稿したり、「いいね」を押している時って、じつは「ひとりでクルマを運転している時」の心理状態に近いのです。自分だけの空間で、「腹減ったなあ」とか「あのクルマ早くいけよ」とか、リラックスして素の自分を解き放っているあの状態。あれがSNSと向き合っている時の心理状態です。

何しろSNSに投稿する時はたいてい「ひとり」。大勢でワイワイ相談しながら投稿する人なんていないでしょう。目の前に家族、友人、恋人がいようが、画面に向き合い、コメントを打ち込んでいくのは完全にひとりだけの作業です。その投稿が多くの人の目に触れることが分かっていても、その人たちは今、目の前にいない。

人間はひとりになると、無意識のうちにその人の本質・本性が出てしまうもの。だから本人も気をつけているつもりが、素の自分が滲み出てしまい、周りの人に「あれっ……」と思われてしまうのです（ちなみにクルマの運転にドライバーの人柄が出るのも、同じ理由だと思っています）。日常よりも、もっと気を遣いながら振る舞うべき、自分が丸裸になりがちな道具、それがSNSです。だから「会って話せば良い人なんだけどなあ」って、じつはけっこう怖い話だったりするのです。

「そんな細かいことまで気にしたら、何も投稿できないだろう」という方、もちろんそれでOKです。SNSなんてただの道具ですから、使い方も人それぞれ。ただし「気にしない」と「知っているけど気にしない」は大違いでしょう。また情報発信能力を伸ばす、磨くという視点で言えば、「SNSはキャラがバレる」ということをしっかり認識しておいても損はないはず。

私は新しく知り合った人のことを「もう少し知りたい」と思った時、その人のSNSを見るようにしています。何気ない日常の投稿やコメントも、そういった視点で見るとなかなか興味深いです。「暇だから書いてみた」なんていう投稿を見ると、「ああ、聞いてほしくて仕方がなかったんだな」などと思ってしまいます。私が嫌われてしまいそうなので、このへんでやめましょう。

†上手な「本性」の隠し方

SNSは自分の本性がバレる道具です。「バレる」より「バレない」方が良いのはもちろん、できれば自分をどう見せるか、ちゃんとコントロールできる方が望ましいのですが、じつはここまで読んでくださった方であれば、もう「コントロールできる」側の人になっています。何しろほとんどの人は、バレないと思いながらSNSを使っているのです。バレることを知っているだけでもかなり有利です。自然と用心もできます。ちなみに私は、バレないよう次の手順で投稿しています。

【バレない作業手順】

①フェイスブックに「自分のみ（非公開）」で投稿
←
②それを見て必要なら、誤解されない、分かりやすい表現に修正
←
③文章が完成したら「公開」に切り替え
←
④そのコメントをコピーしてツイッターに投稿

①の「入力欄」で書いたコメントを、②の「投稿後」のページで見ると、なぜか不思議と客観的に見ることができます。この段階で表現や内容の最終チェック、また「バレてないか」も確認します。余裕があれば、PC・スマホ両方から見てみましょう。ちなみに②の修正履歴は他の人も閲覧できますが、言い出したらキリがないので、私はそこまで気にしないようにしています。

③は必ず全公開です。「友達のみ」に公開（限定公開）も可能ですが、ネットに載せる以上は、全公開でもOKという内容しか投稿しません。友達限定なら、ちょっとハメを外しても大丈夫だろう……なんていう考えが失敗のもとですからね。ちなみに過去に起きたネット炎上で「原因となった投稿」が、友達限定公開だったケースはとても多いです。

④については、ツイッターをフェイスブックに連携させ、投稿内容を同期（フェイスブックに投稿したら、ツイッターにも自動的に投稿される設定）させることも可能ですが、ツイッターは一四〇文字という文字数制限があり（日中韓以外の言語では二八〇文字）、気をつけないと尻切れになるので、手動で修正しながら投稿します。ツイッターを最後にする理由は、ツイッターが「投稿後に修正できない」仕様だからです。ちなみに二つのSNSに

「同じ内容」を投稿しているのは、大人の友人はフェイスブックしか見ないし、若いフォロワーたちはツイッターしか見ないから、というだけの理由。

あと、これは本当にどうでも良いことなのですが、フェイスブックにもツイッターにも、出張先で食べた「美味しい料理」とか「綺麗な景色」といったモノは、余程の事情がなければ載せません。私は出張が異常に多い会社員なので、「出張先で楽しそうですね」と思われるのは、想像以上にデメリットなのです。

✝玄関ドアに貼れるか

ずいぶん細かい話になりましたが、日々を普通に過ごしている人が「たかがSNS」にここまで気を遣う必要はないでしょう。そういう考え方もあるのか、程度でOKです。結局はどんなに頑張って隠しても、きっと何かのタイミングでその人の本質は見えてしまう。それがSNSですから。

ただ、間違いなく言えるのは「自宅玄関ドアの表側に貼れるものは、絶対に大丈夫。逆に貼れないものは、後に何らかの問題となるリスクがある」ということ。玄関に貼れないものは、ネットに貼らない方が良いのではなくて「貼れない」ということです。過去に大騒動になったネット炎上で、玄関に貼れたものは皆無でした。本当に一件も探せなかったのです。もちろん「これは玄関に貼れるのに炎上しちゃったね……」というケースも見つけられませんでした。だから私の最終チェックは「玄関ドア」です（詳しいお話は、講演や他の書籍でお伝えしています）。

有難いことに、最近は取材や寄稿、テレビなどを通じて、幅広く情報発信する機会をいただけるようになりました。もちろん本書もその一つですが、この「幅広く」というのは、様々な考えを持つ人たちに向けて、という意味でもあります。発信する情報が「玄関に貼れるもの」であることは言うまでもありませんが、今やどんなメディアも簡単に炎上します。「誤解される言い回しはないか」「ダブスタはないか」「批判や反論が起きても説明できるか」など、結構気を遣いながらやってます。

そもそも外部から指摘を受けた時に「すみません」としか言えない内容なら、個人でも発信しちゃダメですが、恥ずかしながら未だに「あ、これはダブスタだ……」と気がつくことがありますので、やはり気を抜けません……。

†「話せば分かる」ワケがない

ですが、バレない「手順」を経て、しっかりチェックした情報でも、肝心の中身に説得力がなければ意味がありません。私が考える、伝えるために「知るべきこと」は一つだけ。

「伝わるなんて思うな」

いわゆる伝え上手と言われている人とは、「伝わらない」ことを知っている人たちです。そもそも人間は他人の気持ちがわかりません。そんな能力は誰も持っていません。むしろその逆。人間のコミュニケーション能力には、じつは最初から「リミッター」が備わっていて、あまり伝わり過ぎない、理解し過ぎないようになっています。

何しろ、人間には「伝えてもいい感情」と「伝えてはいけない感情」がありますからね。もし頭で考えたこと、感じたことが相手にすべて伝わってしまったら……ぞっとしますよ。同じように相手の気持ちも読み取れてしまったら、恐らく人類は三日で滅ぶでしょう。そうならないために、私たち人間にはコミュニケーションの「リミッター」が組み込まれているのです。

伝え上手と言われる人たちは皆、それを知っています。いつだって「伝わっていないかもしれない」と覚悟しながら手を尽くしているのです。「話せば分かる」とか「心を込めて伝えれば」なんてことを軽々しく口にする人がいますが、もしその通りなら、世の中の争い事だってもっと少なくなっているでしょう。手を尽くしても、伝わったり伝わらなかったりです。しかも本当に伝わったのか、それを確かめる方法はありません。だからこそ、相手の視点に立って、一生懸命に想像するのです。

†多くを語るな

「相手の視点に立つ」と言っても、ただ闇雲に頑張って想像しても非効率です。伝え方には様々な工夫・技法がありますが、私が日頃から意識している、誰でもすぐ実践できる確実なやり方をご紹介します。「なるべく少ない文字数で伝える」、これだけ。

一文字でも減らす工夫をするだけで、その情報は途端に伝わりやすいものに変わります。「伝える努力」「手を尽くす」と、なんだか逆のことをしているように見えますが、例えばタクシーに乗っている時、「次の交差点を左折してもらえますか?」よりも、

「あの赤信号、左で」

と伝えた方がより確実に相手に伝わるでしょう。じつは文字数が少ない方が、それを受け取って処理する相手の「負荷」が減るので、自然と伝わりやすくなるのです。例えばキャッチボールをする時、相手が受け取りやすい球を投げれば、相手の負荷が減りエラーが減る、それと一緒です。これが相手の視点に立つということです。

私は、専門用語を多用した長ったらしい文章を書く人が、あまり好きになれません。どんな文章を書くかは人それぞれだし、単なる好みですが、誤解を恐れずに言えば、難解な長文なんて馬鹿でも書けるのです。本当に良い文章は、簡単な単語、短い文字数で構成されたリズミカルな文章。読み手に負荷を与えず、理解に集中できる、そんな文章です。これは本当に難しいですよ。何しろ同じ内容を、より少ない情報量で誤解のないように伝えるのですから。私は今でも、情報を「減らす」さじ加減に悩みながら伝えています。文章なら、書き終えた後に文字数・情報を減らす作業が欠かせませんし、むしろそっちの方が重要だったりします。やはり伝える努力に終わりはありません。

ちなみにツイッターは簡潔で分かりやすい文章を書く練習にピッタリな道具です。一四〇文字という文字数制限、一度投稿したら修正できないハードな仕様のおかげで、緊張感を持って「簡潔で分かりやすい」文章を書かざるを得ませんから。

†「6」「の」「9」

この星には本当に多くの人々が暮らしています。狭い日本だけで見ても、実に様々な価値観、考え方があり、毎日喧々諤々《けんけんがくがく》、笑いあったり殴り合ったり、伝わったり伝わらなかったり。最近はダイバーシティー(多様性)なる言葉がもてはやされ、「お互いの違いや立場を認め合おう」と盛り上がっていますが、皆さん、本当にその準備や覚悟ができているのでしょうか。

例えば、「表現の自由」という言葉一つ取っても、本当にその言葉の意味を理解している人って、意外に少ないのではと感じています。「そんなの言うまでもない、誰もが自由に、自分の言いたいことを言える権利だろう」。そう思われた方、残念ながら違います。

表現の自由とは、自分にとって気に入らない意見、表現、もっと広く捉えれば、気に入らない「価値観」「生き方」の主張も含めて、それが「存在すること」を容認する、我慢する、これが表現の自由です。だってそうでしょう。「自分が気に入らない意見」の存在を認めなければ、自分の意見だって自由に言えなくなるのですから。「言いたいことを言える権利」なんていう単純なものではないのです。

もちろん、気に入らない意見に対して反論することは構いません。それこそ表現の自由です。でも、その気に入らない意見の「存在」そのものを否定してはいけない。何しろ「自分が好き勝手にモノを言って良い」が成立するのは、たとえ「気に入らなくてもそれが存在することを認めてくれる人たち」がいるおかげですから。「表現の自由」とは、自分が不快に思う意見でも、その存在は我慢して認めること。そんなあたり前のことを、多くの人が忘れかけている気がします。

例えば、気に入らない作家の「サイン本」を並べた本屋さんに対して「不買運動だ！」と騒いだり、気に入らない記事が掲載された雑誌には「廃刊にしろ！」と出版社に押し掛けたり。そんな振る舞い、すぐに自分自身に跳ね返ってくるのに……最近は言論のプロたちでさえ、そのことを忘れ、滑稽なダブルスタンダードを演じながら走り回っています。「言論の自由」を叫びながら。

そんな方々に是非、お伝えしたい言葉があるのです。ご紹介するのは、海外の学生団体「The Education Tree」から発せられたメッセージ。本書は彼らの言葉で締めていただきましょう。

あなたが「正しい」からといって、私が「間違っている」訳ではありません。
あなたが私の立ち位置から見たことがないだけです。

この言葉に添えられていたのは、次ページのようなイラストでした（ちょっと日本風にアレンジしました）。情報リテラシーは小手先のテクニックではありません。自分が不快に思うものであっても、その存在を認め、すべての情報に対して「平等」に振る舞うこと。たとえ相手が嫌いな人でも、その人が発信した情報を「中身」で判断できる。仲の良い友人が発した情報でも、それが間違いであったらちゃんと指摘できる。これが情報リテラシーです。それを忘れた途端「気づいたら、自分もフェイクニュースに加担していた」なんてことも起こり得るでしょう。あなたの人間性と根性が求められる、意外に面倒くさいモノなんですよ、情報リテラシーって。

「の」じゃないかな…?
「9」だ!!
6
いや！「6」だ!!

第二部のまとめ

・フェイクニュースには情報発信で対抗できる。
・情報発信すれば必ず反響があり、そこには理不尽で非論理的な批判も含まれるが、対処法もある。
・論争は単なる「好き／嫌い」に起因するものが多い。
・情報とは、基本的に「伝わらないもの」である。
・表現の自由とは、不愉快な主張であってもその存在を認めることである。

あとがき　本書でお伝えしたかったこと

この本は当初、もっと気楽な「ネタ本」、フェイクニュースの裏話を暴露するようなカジュアルな内容にするつもりでした。編集の久保さんにもそんな温度感で相談し、企画を通していただき、執筆を始めたのは二〇一八年の初夏。

ところが本を書き進めていく中で、世間では表現の自由を制限する動きが活発化したり、フェイクニュースのせいで麻疹《はしか》が流行したり……誰かの「お気持ち」で世の中が方向転換するような、あんまりな出来事が連発したのです。その結果、本書もそれに引きずられ、気がつけば情報リテラシーに向き合う内容に変わっていきました。

私は政治、外交、国防、憲法、エネルギー政策、ジェンダー論、それに近い界隈については、ごく一部の親しい友人としか話しません。自分の意見は持っていますが、ネットに

は書きません。お酒を飲みながら、「なんだテメエ、それは違うだろ」と散々言い争った後に

「で、次は何を飲むの？」

という会話がごく自然に成立するような人としか、そういった議論をする気になれないのです。ましてや、ネットで見知らぬ誰かと話すなんて……。

なにしろネットには、これらのテーマになった途端に猛獣化し、ご自分の「〜だったらいいなあ」を抑えられず、都合の良いロジックを引っ張りだしては振り回し、自分の意に沿ったものであれば、フェイクニュースでさえも良し、「議論しよう」と爽やかに近づいてきては、結局自分の話しかしない。そんなサイコパスな人たちが大勢いるからです。エビデンスに基づいたフラットな議論なんて、到底期待できませんね。

意見をぶつけ合い議論することは、世間的には「前向きで建設的」なことらしいですが、正直、世の中はまだそんな成熟した段階には達していないと思います。議論には、好き嫌

い、主義主張を超えた、意見の違いを認め合う、エビデンスを重視する土壌が不可欠だし、この日本は、そんな議論を経て解決しなきゃいけない問題が山積みなのに、なんで初っ端《しょっぱな》から殴り合うんでしょうか。私の大好きなインターネットは、その殴り合いを可視化し、加速させ、もう笑うしかない状況です。

だからもう、真顔で議論する気になれないし、自分の考えは選挙で投票することで主張すればいい。主張が反映されなければ、それは自分が主流派ではなかったということ。そう考えていたのですが……。ある高校で講演をした際、生徒から質問されたのです。

「日本の将来はこれからどうなると思うか。」

そうですね、働く人の数が減り、国が貧乏になっていくから、技術とアイディアを出し合って、皆で協力して、その難局を乗り切り、面白い未来を作るんでしょうね。あなた方の世代はそのど真ん中を生きていますよ。だから皆で議論して……。

ここまで話して、ふと気がついたのです。若者たちが（もちろん我々もですが）この難題をクリアする為には、今の「議論すらまともに成立しない未成熟な社会」を、そのまま手渡してはダメなんじゃないだろうか。エビデンスを無視してお気持ちを暴走させるような、そんな未成熟な人たちが、もっと周りから指をさして爆笑してもらえる、そんな素敵な社会にしてから手渡さないといけないんじゃないか。子供たちに手渡す未来はそうであるべきだよね。フェイクニュースをネタに笑っている場合じゃないぞ。

書き始めた頃に頻発した「あんまりな出来事」と、日本の将来を質問してくれた高校生のおかげで、本書は大きく方向転換できた気がします。誰もが最低限の情報リテラシーを持ち、まともな議論ができる世の中にするために、この本を一億冊くらい売ろうと思います。

こんな経緯でスケジュールを遅らせ、方向性まで変えてしまった本書に、最後までお付き合い下さった筑摩書房の久保研太郎さん、いつも素敵なイラストを秒速で描いてくれる大室絵理さん、本当にお忙しい時期にご協力下さったやまもといちろうさん、そのやまもとさんと私を繋いで下さったＬＩＮＥ株式会社の江口清貴さん、書籍からエピソードを引用させていただいたセブ山さん、本当にありがとうございました。

またテレビ業界、永田町界隈、その他ここには書けない多くの方々からいただいた貴重なアドバイスのおかげで、本書を書き終えることができました。深く感謝いたします。
本書が、若者の生きる新しい時代に向けて、少しでもお役に立てれば幸いです。

二〇一九年七月　山形新幹線の車内にて

小木曽　健

お礼

本書の執筆に当たり、ツイートや発言を引用させていただいた多くの方々に深く感謝いたします。ありがとうございました。

小木曽　健

＊引用させていただいたツイートや発言は、一部、趣旨が変わらない範囲で表現を修正しているものがあります。

参考文献

セブ山『インターネット文化人類学』（太田出版　二〇一七年）

イラスト　大室絵理

ちくま新書
1437

ネットで勝《か》つ情報《じょうほう》リテラシー
――あの人《ひと》はなぜ騙《だま》されないのか

二〇一九年九月一〇日 第一刷発行

著者 小木曽 健（おぎそ・けん）
発行者 喜入冬子
発行所 株式会社 筑摩書房
東京都台東区蔵前二-五-三 郵便番号一一一-八七五五
電話番号〇三-五六八七-二六〇一（代表）
装幀者 間村俊一
印刷・製本 三松堂印刷 株式会社

ISBN978-4-480-07254-2 C0204

ちくま新書

683
ウェブ炎上
――ネット群集の暴走と可能性
荻上チキ
ブログ等で、ある人物への批判が殺到し、収拾不能になることがある。こうした「炎上」が生じる仕組みを明らかにし、その可能性を探る。ネット時代の教養書である。

939
タブーの正体！
――マスコミが「あのこと」に触れない理由
川端幹人
電力会社から人気タレント、皇室タブーまで、マスコミ各社が過剰な自己規制に走ってしまうのはなぜか？『噂の眞相』元副編集長がそのメカニズムに鋭く迫る！

582
ウェブ進化論
――本当の大変化はこれから始まる
梅田望夫
グーグルが象徴する技術革新とブログ人口の急増により、知の再編と経済の劇的な転換が始まった。知らないではすまされない、コストゼロが生む脅威の世界の全体像。

687
ウェブ時代をゆく
――いかに働き、いかに学ぶか
梅田望夫
ウェブという「学習の高速道路」が敷かれた時代に、いかに学び、いかに働くか。オプティミズムに貫かれ、リアリズムに裏打ちされた、待望の仕事論・人生論。

1040
TVディレクターの演出術
――物事の魅力を引き出す方法
高橋弘樹
制約だらけのテレビ東京ではアイディアが命。「TVチャンピオン」「ジョージ・ポットマンの平成史」などのディレクターによる、調べる・伝える・みせるテクニック。

1167
大人のためのメディア論講義
石田英敬
情報産業が生みだす欲望に身を任せ、先端技術に自らの意識を預ける――24時間デジタル機器を手放せない現代人に何が起こったのか。２つのメディア革命を検証。

1352
情報生産者になる
上野千鶴子
問いの立て方、データ収集、分析、アウトプットまで、新たな知を生産し発信するための方法を全部詰め込んだ一冊。学生はもちろん、すべての学びたい人たちへ。